भारतीय रंगमंच की महिला परम्परा

भारतीय रंगमंच की महिला परम्परा

डॉ. अपर्णा वेणू

लोकभारती प्रकाशन

लोकभारती प्रकाशन
पहली मंजिल, दरबारी बिल्डिंग, महात्मा गांधी मार्ग
प्रयागराज-211 001
वेबसाइट: www.lokbhartiprakashan.com
ईमेल : info@lokbhartiprakashan.com

शाखाएँ : 1-बी, नेताजी सुभाष मार्ग, दरियागंज
नई दिल्ली-110 002
अशोक राजपथ, साइंस कॉलेज के सामने
पटना-800 006

पहला संस्करण : 2023

बी.के. ऑफसेट
नई दिल्ली द्वारा मुद्रित

BHARTIYA RANGMANCH KI
MAHILA PRAMPRA
by Dr. Aparna Venu

ISBN : 978-81-19133-10-9

मूल्य: ₹ 500

उन सभी दिवंगत और जीवित महिला रंगकर्मियों के नाम
जिनका सम्पूर्ण जीवन ही रंगमंच के लिए समर्पित रहा

अनुक्रम

पूर्वरंग

इतिहास-लेखन का जो भी प्रयास जिस सामाजिक व्यवस्था व सांस्कृतिक परिस्थितियों के भीतर कार्यरत होता है उसका प्रभाव अवश्य ही उसके वस्तु-चयन में दिखाई पड़ता है। अतएव पुरुष-प्रधान समाज में रचित इतिहासों में महिलाओं के जीवन, कर्म और मानवीय मामलों में भागीदारी का सही मूल्यांकन न होना बिलकुल स्वाभाविक है। भारतीय रंगमंच के सन्दर्भ में भी यह एकदम सही है कि हमारे रंगमंचीय अतीत में महिलाओं की जो भूमिका रही है उसको विवेचित करना व इतिहासबद्ध तरीके से अंकित करने का कार्य तथाकथित रंगमंचीय इतिहासकारों ने नहीं के बराबर ही किया है। चाहे नाट्य-कृतियों का साहित्यिक इतिहास हो अथवा नाट्य-प्रदर्शन का रंगमंचीय इतिहास, महिला कलाकारों के योगदान को प्राय: हाशिए पर डाला दिया गया दिखाई देता है। उस पर विस्तृत तथा सूक्ष्म दृष्टि डालने का प्रयास अतिविरल है। ऐसी एक स्थिति में भारतीय रंगमंच की महिला परम्परा शीर्षक प्रस्तुत अध्ययन इस दिशा में किया जानेवाला एक विनम्र प्रयास होगा। हालाँकि इस पुस्तक द्वारा लेखिका का उद्‌देश्य क्रमबद्ध तरीके से रंगमंचीय इतिहास रचने का कार्य तो नहीं है। फिर भी यहाँ भारतीय रंगमंच में महिलाओं की उपस्थिति एवं उनके सृजनात्मक हस्तक्षेपों की समानान्तर परम्परा को एक ऐसे ऐतिहासिक तथ्य के रूप में देखते हुए अन्वेषण करने का प्रयास किया गया है, जो भारतीय रंगमंच के पुरुष-प्रधान इतिहासों के पक्षपाती आख्यानों में पार्श्वीकृत है।

मानवीय सृजनशीलता की उत्कृष्टतम उपलब्धियों को सूचित करनेवाली भारतीय रंगमंच की गरिमामयी परम्परा अति प्राचीन एवं अत्यन्त समृद्ध रही है। प्राचीन काल से ही भारत में नृत्य, नाट्य प्रभृति प्रदर्शनकारी कलाओं का किसी-न-किसी रूप में प्रचार अवश्य होता रहा है, जो निरन्तर विकास की दशा में अग्रसर होते हुए समय-समय पर अपना परिष्कार करता रहा है। इस बात में कोई सन्देह नहीं है कि भारत में प्राचीन काल से ही स्त्रियाँ रंगमंच से

अवश्य जुड़ी रही थीं। रंगमंच और स्त्री के सम्बन्ध में विभिन्न ज्ञान स्रोतों से प्राप्त सूचनाएँ इस बात का स्पष्ट प्रमाण हैं। वेद, पुराण, शास्त्र, साहित्य आदि विभिन्न पहलुओं पर रचे गए ग्रन्थों में रंगमंच और स्त्री के बीच के अटूट सम्बन्ध को सूचित करनेवाले अनेक ऐसे उल्लेख मिलते हैं, जिनसे इस बात का पता चलता है कि प्राचीन समय में रंगमंच का क्षेत्र स्त्री-उपस्थिति से वंचित नहीं रहा था तथा रंगमंच के अन्यान्य पहलुओं में प्रशिक्षण प्राप्त स्त्रियाँ उस समय के समाज में अवश्य उपस्थित थीं। रंगमंच के द्वारा अपनी आजीविका चलानेवाली तथा अनुष्ठान के रूप में मन्दिरों में कलाओं की प्रस्तुति करनेवाली स्त्रियों के विशेष वर्ग भी उस समय मौजूद था। नाट्यशास्त्रकार आचार्य भरतमुनि ने भी नाट्य में स्त्रियों की उपस्थिति को अपरिहार्य ही माना है।

परन्तु पितृसत्तात्मक व्यवस्था के प्रभाव के कारण अभिव्यक्ति के अन्य माध्यमों के समान रंगमंच के क्षेत्र में भी पुरुषों का ही वर्चस्व कायम रहा है। रंगमंच में स्त्री की उपस्थिति और स्थान कैसे होना चाहिए इसका निर्णय पितृसत्तात्मक नियन्त्रण एवं वर्चस्व के द्वारा ही निर्धारित होता रहा। भारतीय विद्वानों तथा मनीषियों के पुरुष-प्रधान विचारों से उत्पन्न स्मृतियों व इतर शास्त्र-ग्रन्थों ने रंगमंच से जुड़नेवाली स्त्री की सामाजिक-स्थिति को नीच या हेय समझनेवाले नैतिक मूल्यों को पैदा किया था। रंगमंच में उपस्थित स्त्री का प्रतिनिधित्व मात्र एक प्रदर्शनीय वस्तु के सीमित रूप में प्रतिष्ठित होने लगा। पितृसत्तात्मक मूल्यों तथा पुरुष-केन्द्रित दृष्टि ने पूरे रंगमंच के सौन्दर्य-तत्त्वों को गहरे रूप से प्रभावित किया। इससे पुरुष-सत्ता द्वारा नियन्त्रित एवं संचालित रंगमंच में स्त्री के लिए अपने स्वत्त्व एवं अस्मिता को अभिव्यक्त करना प्राय: असम्भव हो गया।

मध्यकाल तक आते-आते बदलती सांस्कृतिक-नैतिक मान्यताओं ने रंग-कलाओं के सार्वजनिक स्पेस से स्त्रियों को काफी दूर करा दिया। स्त्री-पात्रों की भूमिका भी पुरुष-कलाकारों के द्वारा स्त्री-वेश धारण करते हुए निभाई जानेवाली प्रणाली पैदा हुई। मध्यकाल में भारत के अन्यान्य प्रदेशों में अपनी स्थानीय व सांस्कृतिक विशेषताओं के साथ प्रचलित सर्वमान्य क्लासिकी व लोकनाट्य-रूपों में स्त्रियों की मौजूदगी मात्र दर्शकों के रूप में ही सीमित रही थी। किन्तु इन पुरुष-प्रधान नाट्य-रूपों के समानान्तर भारत के विभिन्न प्रदेशों में कुछ ऐसी महिला रंग-कलाएँ भी वर्तमान थीं, जो पारम्परिक रूप से सुरक्षित व पीढ़ी-दर-पीढ़ी से होकर हस्तान्तरित रही है। परन्तु ऐसे महिला रंगमंचीय कला-रूप सार्वजनिक स्थानों में प्राय: नहीं के बराबर ही प्रस्तुत हुआ करते थे। वे तो स्त्री-

समूहों के निजी स्पेस में अथवा धार्मिक अनुष्ठान के रूप में मन्दिरों के सीमित दायरे में ही पनपते हुए दिखाई देते हैं। इनमें से कुछ विशेष नाट्य-रूपों को सूक्ष्मता से देखा जाए तो उनमें महिला जगत की संवेदनशीलता, सृजनात्मकता, कल्पना शक्ति, हास्यपटुता एवं विद्रोही चेतना का अनगढ़ सहज अभिव्यक्ति कौशल पाए जा सकते हैं। आधुनिक रंगमंच व स्त्रीपक्षीय विचारों के उन्नयन के बहुत पूर्व रूपायित इन रंगमंचीय कलाओं को अपनी सामाजिक व्यवस्था, सत्तात्मक सम्बन्ध एवं रूढ़ियों के बन्धन के प्रति स्त्रियों की परोक्ष सामूहिक प्रतिक्रिया से उत्पन्न स्वाभाविक प्रतिरोध के द्योतक कहे जा सकते है। प्रत्यक्ष रूप से इन महिला प्रदर्शनधर्मी कलाओं का समकालीन स्त्रीपक्षीय रंगमंच पर कोई विशेष प्रभाव नहीं देखा जा सकता है, किन्तु इन पारम्परिक महिला रंग-कलाओं की अन्तर्वस्तु एवं रूप के स्तरों पर सूक्ष्म रूप में निहित स्त्रैण-अनुभवों का स्वाभाविक विन्यास, स्त्री-स्वत्त्व की पहचान, आत्माभिव्यक्ति की सृजनात्मकता, नैसर्गिक प्रतिरोध आदि स्त्री-प्रकृतिपरक कलात्मक तत्त्वों में समकालीन स्त्रीपक्षीय रंगमंच की सांस्कृतिक जड़ें अवश्य पाई जा सकती हैं।

आधुनिक भारतीय रंगमंच के प्रारम्भिक दौर में भी, वास्तव में यदि देखा जाए तो रंगमंच के क्षेत्र में स्त्रियों की उपस्थिति नहीं के बराबर ही थी। उस ज़माने की विशिष्ट सांस्कृतिक धारणाओं एवं नैतिक मूल्यों के प्रभाव के कारण स्त्रियों का रंगमंच में उपस्थित होना अशोभनीय समझा जाता था। अतएव 19वीं शताब्दी के प्रारम्भ में प्राय: सभी प्रादेशिक भाषाओं के रंगमंच में स्त्री-पात्रों की भूमिका पुरुष कलाकारों के द्वारा ही निभाई जाती थी। सामन्ती व्यवस्था के सांस्कृतिक अवशेषों तथा औपनिवेशिक आधुनिकता से उठे नैतिक मूल्यों ने ही रंगमंच के सार्वजनिक स्पेस से स्त्रियों को हटाया था। जब भारत में नवजागरण का दौर शुरू हुआ तब स्त्री सशक्तीकरण पर केन्द्रित नवीन विचार भी सामने आए। इन नवीन विचारों से उत्पन्न स्त्री-चेतना का प्रभाव रंगमंच पर भी पड़ने लगा तथा उस समय से लेकर रंगमंच में स्त्रियों को उपस्थित करने के सक्रिय प्रयास भी होने लगे। धीरे-धीरे नाट्य-प्रस्तुतियों में स्त्री-पात्रों की भूमिका में असली स्त्रियाँ उपस्थित होने लगीं। फिर भी रंगमंच से जुड़नेवाली स्त्रियों की सामाजिक स्थिति में कुछ विशेष बदलाव तो नहीं आया। रंगमंच में स्त्रियों की उपस्थिति तो बढ़ गई, फिर भी अपने नैसर्गिक स्वत्त्व को मंच पर लाना स्त्रियों के लिए असम्भव ही रह गया। इस स्थिति में किंचित परिवर्तन सन् 1940 के बाद ही हुआ। इस समय के प्रगतिशील आन्दोलनों से उत्पन्न नवीन रंग-परिवेशों में स्त्री की भागीदारी बढ़ गई तथा रंगमंचीय प्रस्तुतियों की विषय-वस्तु के रूप

में विभिन्न स्त्री-मुद्दे प्रयुक्त होने लगे। परन्तु इन प्रगतिशील कार्यव्यापारों में महिलाओं की सजीव उपस्थिति होने पर भी रंगमंचीय प्रस्तुतियों के रूपायन की प्रक्रिया ऐसे मूल्य-बोध से युक्त मानदंडों पर निर्भर थी जो लिंग-स्थितीय पूर्वाग्रहों से मुक्त नहीं थे। अतएव स्त्रीत्व की सही पहचान एवं स्त्री-संवेदनाओं की गहरी अभिव्यक्ति का अभाव रंगमंच में रहा।

सन् 1970 के बाद भारतीय समाज में स्त्री मुक्ति संघर्ष ज़ोर पकड़ने लगा। इसका असर भारतीय रंगमंच पर भी दिखाई देने लगा। इस दौरान परिव्याप्त स्त्री-प्रश्न के वैचारिक पक्ष की गहनता तथा व्यावहारिक तौर पर रंगमंच पर हो रहे प्रयोगधर्मी कार्यव्यापारों के बहुआयामी धरातल ने रंगमंच के स्तर पर नवीन अवधारणाओं एवं नए रूप-विधानों को प्रतिष्ठित किया। स्त्री-पक्षीय विचारों से प्रभावित महिला रंगकर्मियों ने व्यावहारिक स्तर पर पुरुष-प्रधान रंगमंच के समानान्तर बहुत कुछ उसे चुनौती देते हुए 'स्त्रीपक्षीय रंगमंच' जैसी नवीन परिकल्पना को प्रतिष्ठित करनेवाली रंगमंचीय गतिविधियों का सूत्रपात किया। इससे रंगमंच सम्बन्धी तथाकथित संकल्पनाओं तथा उस पर प्रतिष्ठित पुरुष-वर्चस्व को तोड़कर रंग-प्रस्तुति की अन्तर्वस्तु एवं रूप संरचना के स्तरों को स्त्रीपक्षीय दृष्टि से पुनर्निर्मित करने के नवीन प्रयास दिखाई देने लगे। साथ ही दर्शकीय दृष्टि एवं दर्शन आदतों के मूल में उपस्थित पितृसत्तात्मक सौन्दर्यबोध को प्रश्नीकृत करनेवाले नवीन दर्शनीय अनुभूति के विभिन्न आयाम भी उभरकर सामने आने लगे। समकालीन रंगमंच से जुड़नेवाली महिला निर्देशकों ने रंगमंचीय प्रस्तुतियों को रूपायित करते समय ऐसी विषय-वस्तुओं को प्रयुक्त करने की कोशिश की है जिनमें स्त्रीवादी विचारों का प्रभाव, स्त्री-स्वत्त्व का उद्घाटन, स्त्री की समस्याओं का चित्रण, स्त्री के निजी अनुभवों की प्रधानता, पुरुष-वर्चस्व के प्रति विद्रोह, दलित स्त्री की अवस्था की अभिव्यक्ति, परिस्थिति एवं स्त्री के बीच गहरे सम्बन्ध का बयान, मिथकों की स्त्रीपक्षीय पुनर्व्याख्या, स्त्री शोषण के विभिन्न आयामों का अंकन, स्त्री-पुरुष सम्बन्धों की जटिलताओं की आलोचना, पुरुष-निर्मित नैतिक मूल्यों का खंडन आदि विशेषताएँ वर्तमान हैं।

मात्र अन्तर्वस्तु के स्तर पर स्त्रीपक्षीय विचारों को प्रस्तुत करने से स्त्रीपक्षीय रंगमंच जैसी परिकल्पना की प्रयुक्ति परिपूर्ण नहीं हो जाएगी। इस विशेष परिकल्पना को सही ढ़ंग से आत्मसात करने के लिए नाट्य-प्रस्तुतियों के तथाकथित रूप-विधान और उसमें निहित पुरुष-निर्मित सौन्दर्यशास्त्रीय तत्त्वों को तोड़कर पूरे रंगमंच के परिप्रेक्ष्य को स्त्रीपक्षीय दृष्टि के साथ समग्र रूप

से पुनर्निर्मित करना अनिवार्य होता है। महिला निर्देशकों ने रंगमंच पर स्त्री की अस्मिता को स्थापित करने के निमित्त मंच-व्यवस्था, प्रदर्शनकारी देह, प्रदर्शन-स्थल, रंग-सामग्री, वेश-भूषा, प्रकाश एवं ध्वनि-योजना आदि नाट्य-प्रदर्शन के रूप-विधान से संसक्त अन्यान्य पहलुओं के अन्तर्गत प्रारूपित पुरुष-कल्पित स्त्रीत्व की प्रतिछाया का विच्छेद करते हुए एक प्रति-दृश्य-संस्कृति एवं नवीन सौन्दर्यबोध के निर्माण का प्रयास किया है। महिला निर्देशकों के संचालन में रूपायित नाट्य-प्रस्तुतियों को सूक्ष्मता से देखा जाए तो यह बात स्पष्ट हो जाती है कि प्रत्येक नाट्य-प्रस्तुति में सुविन्यस्त स्त्रीपक्षीय हस्तक्षेप का अपने अलग आयाम अवश्य विद्यमान हैं। साथ ही इन प्रस्तुतियों में निर्देशकों की वैयक्तिक रुचि एवं पूरे रंगकर्मी दल के वैचारिक एवं कलात्मक दृष्टिकोण भी सम्मिलित होते हैं। उदाहरण के लिए उषा गांगुली द्वारा निर्देशित हम मुख्तारा, रुदाली, अन्तर्यात्रा, अमाल अल्लाना द्वारा निर्देशित नटी बिनोदिनी, बी जयश्री द्वारा निर्देशित अग्निपथ, सुषमा देशपांडे द्वारा निर्देशित व्हय मि सावित्री बाई, माया राव द्वारा निर्देशित लेडी मैकबेथ रीविसिटड, नादिरा बब्बर द्वारा निर्देशित सकुबाई, सी.वी. सुधी द्वारा निर्देशित प्रवचका जैसी नाट्य-प्रस्तुतियों में सशक्त स्त्री पात्रों के चित्रण के माध्यम से तथाकथित रंगमंच की पुरुष-केन्द्रित पात्र-चयनों को बदलने के प्रयास दिखाई देते हैं। कुछ अन्य नाटक जैसे अनुराधा कपूर द्वारा निर्देशित विरासत, नीलम मानसिंह चौधरी द्वारा निर्देशित किचन कथा, सी.वी. सुधी द्वारा निर्देशित प्रवचका, आनुङल इल्लात्ता पेन्नुङल, वी पद्मा मंगई द्वारा निर्देशित पच्चा मण्णु आदि में रंगकर्मियों ने प्रदर्शन-स्थल, मंच-व्यवस्था, रंग-सामग्री, दृश्य-योजना आदि पहलुओं के स्तर पर अन्यान्य प्रयोग करते हुए मंच के क्षेत्र में नए विकल्प लाने के प्रयास में जुड़ी रही हैं। इसी प्रकार कीर्ति जैन द्वारा निर्देशित और कितने टुकड़े, रसिका अगाशो द्वारा निर्देशित म्यूज़ियम ऑफ़ स्पीशिस इन डेंजर, सुरभी द्वारा निर्देशित घोरराक्षसम, वी पद्मा मंगई द्वारा निर्देशित फ्रोज़न फायर, अनुराधा कपूर द्वारा निर्देशित उमराव, सजिता मठत्तिल द्वारा निर्देशित मत्स्यगन्धी, त्रिपुरारी शर्मा द्वारा निर्देशित बहू आदि नाट्य-प्रस्तुतियों में नवीन विषयवस्तुओं को स्वीकारते हुए स्त्रीवादी विचारों के राजनैतिक पक्ष को उजागर किया गया है। अपने इन नाट्य प्रस्तुतियों के द्वारा महिला निर्देशकों ने स्त्री की विशेष समस्याओं, उनके निजी अनुभव, उनके संघर्ष, प्रतिरोध आदि को रंगमंच के माध्यम से समाज के सामने अभिव्यक्त करते हुए पुरुष-मानसिकता की जड़ों को कला के माध्यम से तोड़ने की कोशिश भी की है। माया राऊ, मल्लिका तनेजा, के. श्रीलता आदि निर्देशकों

की एकल प्रस्तुतियों की पद्धति इससे थोड़ी अलग है। ये निर्देशक लिंग-वर्चस्व के संकेतों से ग्रस्त स्त्री-देह के पारम्परिक रूढ़िवादी स्वभाव को तोड़ते हुए मंच पर प्रदर्शनकारी देह को एक अलग व सृजनात्मक तरीके से प्रस्तुत करने की कोशिश की है। देह इनके लिए मात्र एक जीवशास्त्रीय यथार्थ नहीं है, बल्कि एक ऐसा विशाल फलक होता है, जिसमें संस्कृति व सत्तात्मक सम्बन्धों के संकेतों का मुद्रण पाया जा सकता है। अतः मंच के वैकल्पिक स्पेस में स्त्री देह को एक नवीन तरीके से प्रयुक्त करने पर प्रचलित स्त्रीत्व की संकल्पनाएँ एवं सौन्दर्यशास्त्रीय व नैतिक मान्यताएँ भी अवश्य परिवर्तित हो जाती हैं।

नाट्य-प्रस्तुति की प्रयुक्ति की पूर्णता प्रयोक्ता व प्रेक्षक के संयुक्त प्रक्रम से सम्भव होती है। मंचीय प्रस्तुति की अर्थनिर्मिति भी दर्शकों के सहयोग से ही साकार होती है। दूसरे शब्दों में प्रयोक्ताओं द्वारा मंच पर प्रस्तुत प्रदर्शन जब दर्शकों के सामूहिक अवचेतन से मिलता है तभी नाट्य-प्रस्तुति की अर्थ-निर्मिति या आस्वादन सम्भव होता है। दर्शकीय दृष्टि एवं दर्शन-आदतों के मूल में भी सत्ता द्वारा निर्धारित सौन्दर्यशास्त्रीय तत्त्वों का प्रभाव अवश्य मौजूद रहता है, जो महिलाओं की अपनी विशेष संवेदनशीलता एवं अनुभूति-स्तर से भिन्न हैं। पुरुष-दृष्टि के प्रभाव से रूपायित रंगमंचीय प्रस्तुतियों की संरचना महिलाओं के विशेष अनुभूति-स्तर की नैसर्गिकता को अवरोध में डालती है। ऐसी एक स्थिति में स्त्रीपक्षीय रंगमंच से जुड़ी रंगकर्मियों ने अपनी नाट्य-प्रस्तुतियों के माध्यम से तथाकथित दर्शन-आदतों को प्रश्नीकृत करते हुए ऐसी प्रति-दर्शकीय-अनुभूति को प्रतिष्ठित करने का प्रयास किया है, जो स्त्रियों के विशेष अनुभूति-स्तर एवं उनके निजी अनुभवों की नैसर्गिकता को भी द्योतित करने में समर्थ होती है। ऐसी नाट्य प्रस्तुतियाँ महिला-दर्शकों के लिए अपने स्वत्त्व या आत्म-तत्त्व को अनुभूत करने का अवसर प्रदान करता है, और पुरुष-दर्शकों के लिए स्त्रैणता की रूढ़ प्रारूपित छवियों से भिन्न स्त्रीत्व की यथार्थ अस्मिता को गहराई से जानने-पहचानने का अलग अवसर भी। दर्शकीय अनुभूति के स्तर पर नए आयामों को ढूँढ़ने की प्रवृत्ति स्त्रीपक्षीय रंगमंच की अपनी अद्वितीय विशेषता है। रंगमंचीय प्रस्तुति से उपजनेवाली दर्शकीय अनुभूति सामान्यतः दृश्य एवं श्रव्य से उत्पन्न इन्द्रियानुभावों पर निर्भर होती है। नीलम मानसिंह चौधरी जैसी रंगकर्मियों ने दर्शकीय अनुभूति के इस परम्परागत स्वभाव से भिन्न गन्ध तथा स्वाद से उत्पन्न इन्द्रियानुभवों को भी दर्शकों तक पहुँचाने का प्रयोग किया है। स्त्री के अनुभव-स्तर में गन्ध और रुचि का महत्वपूर्ण स्थान होता है। उसको भी रंगमंच के हाइब्रिड फॉर्म (hybrid form) में सम्मिलित करने का यह प्रयास अपने में अद्वितीय है।

रंगमंच पर स्त्री की अस्मिता एवं उसकी समस्याओं की सही अभिव्यक्ति के लिए नाट्य-प्रस्तुति को रूपायित करनेवाले कर्तृत्व के रूप में, अपने स्वत्त्व को पहचाननेवाली स्त्री का उपस्थित होना अनिवार्य होता है। साथ ही इसके लिए अलग क़िस्म की रंग शैली और चाक्षुष-संरचना को ढूँढ़ने की भी आवश्यकता होती है। इस विशेष विचार ने ही भारत में तथाकथित पुरुष-प्रधान रंगमंच के समानान्तर 'स्त्रीपक्षीय रंगमंच' जैसी एक महत्वपूर्ण परिकल्पना को परिपुष्ट किया है। स्त्रीपक्षीय रंगमंच जैसी विशेष परिकल्पना की व्यावहारिक प्रयुक्ति के द्वारा महिला रंगमंची भारतीय रंगमंच में सदियों से निहित पुरुष-केन्द्रिता को चुनौती देती हुई पूरे भारतीय रंगमंच के परिप्रेक्ष्य को ही परिवर्तित करने की दिशा में कार्यरत रही हैं। स्त्रीपक्षीय रंगमंच सही रूप से तभी सार्थक एवं सफल हो जाएगा जब भारतीय रंगमंच का क्षेत्र लिंग स्थितीय पूर्वाग्रहों तथा पुरुष-वर्चस्व से मुक्त होकर स्त्री के पक्ष को भी उजागर करनेवाला एक सृजनात्मक उपक्रम बन जाएगा। अस्तु, हमारे लिए यह सन्तोष की बात है कि भारत का स्त्रीपक्षीय रंगमंच अपने इस लक्ष्य को साकार करने की दिशा में सफलतापूर्वक अग्रसर है।

—डॉ. अपर्णा वेणु

प्राचीन भारतीय रंगकर्म का महिला पर्व

सृजनात्मक अभिव्यक्ति से सम्बन्धित हर कोई विधा चाहे वह कला, साहित्य अथवा रंगमंच ही क्यों न हो, अपने वर्तमान में जिस किसी रूप में विद्यमान रहती है उसके पीछे अपने समय और समाज की एक निजी पृष्ठभूमि और परम्परा अवश्य रहती है। इससे सर्वथा कटकर अथवा अलग होकर किसी भी विधा का अध्ययन करना न तो सम्भव होता है और न ही समीचीन। ठीक इसी प्रकार भारतीय रंगकर्म की महिला परम्परा पर विचार करने के लिए सबसे पहले इस विषय का अन्वेषण ऐतिहासिक दृष्टि से करना आवश्यक ही नहीं, अपितु अनिवार्य भी होता है कि प्राचीन भारतीय रंगमंच की सदियों पुरानी परम्परा में महिलाओं की क्या भूमिका एवं किस प्रकार की उपस्थिति रही थी। महिला रंगकर्म की बीती हुई कहानी के साधन-सामग्री एवं प्रमाण वेद, पुराण, उपनिषद, भास कालिदास प्रभृति साहित्यकारों के नाटक, कौटिल्य का अर्थशास्त्र, भरतमुनि का नाट्यशास्त्र, भित्तियों व गुफाओं में अंकित चित्रकला, मूर्तिकला आदि विभिन्न प्राचीन ज्ञान-स्रोतों में लिखित व अंकित रूप में प्राप्त है। इन विभिन्न ज्ञान स्रोतों के पाठ-सन्दर्भों से मिलनेवाली अन्यान्य सूचनाओं के आधार पर प्राचीन भारतीय रंगमंच में महिलाओं की उपस्थिति की परम्परा को ढूंढ़ते हुए उस पर विशेष रूप से विचार करने का प्रयास यहाँ किया गया है।

प्रागैतिहासिक अवशेष

प्रागैतिहासिक युग की गुफाओं और चट्टानों से जो कला-वस्तुएँ पुरातत्त्व विशेषज्ञों को प्राप्त हुई है उससे असन्दिग्ध रूप से यह सिद्ध किया जा सकता है कि रंगमंच या प्रदर्शनकारी कलाओं में महिलाओं की उपस्थिति प्राचीन समय से ही अवश्य रही थी। भारत के पुरातात्विक स्थलों में मोहनजोदड़ो का नाम सबसे प्राचीन माना गया है। यहाँ से प्राप्त नृत्यांगना की मूर्ति को रंगमंच

एवं महिलाओं के बीच के सम्बन्ध को सूचित करनेवाला प्रथम ऐतिहासिक प्रमाण माना जा सकता है। इससे यह बात भी अवश्य प्रमाणित हो जाती है कि भारत में प्राचीन समय से ही स्त्रियाँ, 'रंगमंच की पहली कलात्मक विधा'[1] माने जानेवाले नृत्त का प्रशिक्षण व प्रदर्शन करती थीं। हमारे देश के विभिन्न अंचलों की प्राचीन गुफाओं की भित्तियों में ऐसे अनेक चित्र पाए जाते है जिनमें नृत्त करनेवाली स्त्रियों की सुन्दर छवियाँ देखने को मिलती है। अजन्ता, एलोरा, एलिफेंटा जैसे गुफाओं में बनाए गए चित्रों में नृत्त-संगीतरत स्त्रियाँ विभिन्न मुद्राएँ धारण की हुई दिखाई देती है। सितनवासल के गुफा-चित्रों में दिव्य नायिकाओं को मेघों के बीच नृत्त करती हुई दिखाई गई है। मध्य प्रदेश की बाघ गुफाओं में सौदंर्य-प्रसाधनों से अलंकृत नर्तकियों को नर्तकों के साथ 'हल्लीस नृत्त' (गोलाकार नृत्त) करती हुई चित्रित किया गया है। दक्षिण भारत के मन्दिरों में तो देवमूर्तियों के सम्मुख भक्तिभाव में तल्लीन होकर नृत्य करनेवाली देवदासियों के सुन्दर चित्र देखने को मिलते है। उत्तरमध्य काल में निर्मित कोणार्क, भुवनेश्वर तथा खजुराहो के मन्दिरों की भित्तियों में नृत्यरत अप्सराओं एवं गणिकाओं का अंकन अत्यन्त कलात्मक सौष्ठव के साथ हुआ है। भारत की प्राचीन चित्रकला व मूर्तिकलाओं से प्राप्त ये सूचनाएँ अवश्य ही रंगमंच और स्त्री के बीच के सुदृढ़ सम्बन्ध के स्पष्ट प्रमाण हैं।

वेदों में

वैदिक युग के यज्ञों से सम्बन्धित कर्मकांडों में ऐसी अनेक क्रियाएँ विद्यमान थीं, जो आज के रंगकर्म के निकट पड़ती हैं। इनमें कई ऐसी सूचनाएँ प्राप्त होती हैं, जो रंगमंच में स्त्रियों की उपस्थिति को स्पष्ट रूप से प्रामाणित करनेवाली हैं। वेदों में सर्वप्रथम इस प्रकार का उल्लेख ऋग्वेद में मिलता है। ऋग्वेद में प्रातःकालीन उषा के वर्णन में 'नृत् रिव' कहा गया है जिसका अर्थ है 'नर्तकी के समान'।[2] इससे यह बात स्पष्ट हो जाती हैं कि नृत्य करनेवाली स्त्रियाँ वेदों के समय में अवश्य विद्यमान थीं तथा मंच पर प्रस्तुत होनेवाले स्त्री-नृत्य को एक ऐसी कलात्मक क्रिया मानी जाती थी जो मनमोहक चाक्षुष सौन्दर्य से सम्पन्न थी। ऋग्वेद में 'समन' नामक एक ऐसे तत्कालीन मेले का उल्लेख भी मिलता है, जिसमें तरुणों के साथ तरुणियाँ भी मिलकर नाचती हैं।[3] इसी प्रकार ऋग्वेद के एक और सन्दर्भ में फूलों से सुसज्जित वस्त्र पहनकर नृत्य करनेवाली उषमै

(देवदासी) के सम्बन्ध में सूचना मिलती है।[4] यजुर्वेद तथा आपस्तम्भ स्रौत सूत्रों में ऐसे नृत्त का उल्लेख मिलता है, जिसमें आठ दासी कन्याएँ सिर पर जल के घड़े रखकर वाद्य-संगीत के साथ माजीली गीत गाती हुई घूम-घूमकर नाचती है।[5] अथर्ववेद में भी ऐसी रंगकर्मी महिलाओं के सम्बन्ध में सूचना मिलती है जिन्हें गन्धर्वों के साथ जीवन बितानेवाली बताई गई है।[6]

पुराण एवं इतर साहित्य ग्रन्थों में

रंगमंच के अन्यान्य पहलुओं से जुड़नेवाली महिलाओं का परिचय विक्रमोर्वशीय, मालविकाग्निमित्र, चारुदत्त, हरिवंश पुराण, प्रतिमानाटक, वाल्मीकि रामायण, उत्तररामचरित, प्रियदर्शिका, कुट्टानीमत, महाभारत, चिलप्पतिकार इत्यादि पौराणिक एवं साहित्यिक ग्रन्थों में उपलब्ध है। महाकवि भास द्वारा रचित 'चारुदत्त' नाटक की नायिका वसन्तसेना रंगमंचीय कलाओं में अत्यन्त कुशल एक गणिका है। दरिद्र चारुदत्त और गणिका वसन्तसेना के बीच का गूढ़-प्रेम इस नाटक की मूल कथातन्तु है। नाटक के प्रथम अंक का एक विशेष प्रसंग यहाँ द्रष्टव्य है जिससे रंगमंच और महिलाओं के बीच के सुदृढ़ सम्बन्ध की सूचना मिलती है। वह प्रसंग इस प्रकार है—रात के समय अपना पीछा करनेवाले शकार और विट नामक व्यक्तियों को देखकर वसन्तसेना भयचकित हो जाती है तथा उनसे बचने के लिए वह किसी घर के दीवार के पीछे छिप जाती है। उस समय घर से बाहर आनेवाली एक दासी को देखकर उसे वसन्तसेना समझकर शकार और विट उसे पकड़ लेते हैं। दासी चिल्लाती है और उसकी आवाज़ सुनकर शकार को पता चलता है कि वह वसन्तसेना नहीं है। लेकिन विट यह सन्देह प्रकट करता हुआ कहता है कि—

"एषा रंगप्रवेशनकलानां चैव शिक्षया।
स्वरान्तरेण दक्षहि वयाहर्तुं तन्नुमुच्चताम्।।"[7]

अर्थात् रंगमंचीयाओं में सुशिक्षित होने के कारण वसन्तसेना अपनी आवाज़ बदलकर बोलने में समर्थ होगी। इसलिए वह हमें धोखा दे रही होगी। इस प्रसंग से यह बात स्पष्ट हो जाती है कि उस समय में स्त्रियाँ शब्दविन्यास जैसे अभिनय कला के सूक्ष्म पक्षों में भी अत्यन्त प्रवीण थीं।

महाकवि कालिदास का विख्यात नाटक 'मालविकाग्निमित्र' की नायिका मालविका नृत्य तथा अभिनय कला में अत्यन्त निपुण है। उसे नाट्य-विद्या का शिक्षण आचार्य गणदास द्वारा दिया जाता है, जो राजा अग्निमित्र का सदस्य एवं

नाट्याचार्य है। आचार्य गणदास मालविका को 'पंचांगाभिनय' का शिक्षण देते हैं, जो स्त्रियों द्वारा प्रयुक्त अभिनय का सर्वश्रेष्ठ रूप माना जाता है। आचार्य गणदास मालविका की अभिनय प्रतिभा की प्रशंसा इस प्रकार करते हैं कि "मालविका की अभिनय निपुणता को देखकर मुझमें ऐसा सन्देह उत्पन्न होता है कि मैंने उसे अभिनय के जो पाठ पढ़ाए उन सबका प्रयोग अतिसुन्दरता से करती हुई क्या वह मुझे अभिनय सिखा रही है कि नहीं।" जब राजा अग्निमित्र छलिक शैली का अभिनय, जो अत्यन्त कठिन एवं दुष्कर है, देखने का आग्रह प्रकट करते हैं तब मालविका उस चुनौती को स्वीकार करती है। अंगाभिनय का सामंजस्य, तालबोध से युक्त रसनीयता तथा हस्तमुद्राओं की चारुता से सम्पन्न मालविका के नृत्य को देखकर राजा उसकी कला प्रतिभा की खूब प्रशंसा करते हैं।[8] 'मालविकाग्निमित्र' से प्राप्त ये सूचनाएँ रंगमंच तथा महिलाओं के बीच के सुदृढ़ सम्बन्ध का एक और सशक्त प्रमाण है।

ईस्वीं 5वीं शती में रचित इलंकोवटिकल के 'चिलप्पतिकारम्' नामक तमिल महाकाव्य की प्रमुख पात्र है माधवी, जो एक नर्तकी है। अपने सातवें साल से लेकर नृत्य, अभिनय आदि में शिक्षण प्राप्त करनेवाली माधवी मंच पर जो गम्भीर नृत्य प्रस्तुत करती है उस का वर्णन 'चिलप्पतिकारम्' में प्राप्त है। आठवीं सदी में रचित भवभूति के 'उत्तररामचरित' नाटक के तृतीय अंक में रंगकर्मी महिलाओं की सूचना मिलती है।वाल्मीकी के आश्रम में रहनेवाले लव और कुश जब श्रीराम की कथा सुनने का आग्रह प्रकट करते हैं तब महर्षिवाल्मीकी नाट्य रूप में प्रदर्शित करने के लिए राम कथा का एक अंश नाट्याचार्य भरतमुनि को सौम्पते है। भरतमुनि उस नाटक का अभिनय रंगकर्मी अप्सराओं से कराते हैं।[9] हरिवंश पुराण में भी ऐसे अनेक प्रसंग पाए जाते हैं जिनमें, अभिनेत्रियों का उल्लेख देखने को मिलते हैं। असुरराज वज्रनाभ की देख-रेख में आयोजित कला समारोह में प्रदर्शित 'रम्भाभिसार' नामक नाटक में नायिका रम्भा की भूमिका द्वारका की मनोवती नामक एक गणिका द्वारा की जाती है।[10]

अभिनय के अलावा नाट्य-रचना, नेपथ्य का कार्यव्यापार आदि रंगमंच के अन्य पहलुओं में भी महिलाओं की उपस्थिति अवश्य रही थी। इसके प्रमाण महाकवि कालिदास कृत 'विक्रमोर्वशीय', महाकवि श्रीहर्ष द्वारा रचित प्रियदर्शिका, महाकवि भास कृत 'प्रतिमा नाटक' आदि रचनाओं में मिलते हैं। विक्रमोर्वशीय के तृतीय अंक के मिश्रविष्कम्भक में गालव तथा पल्लव नामक भरतमुनि के शिष्यों के बीच के संवाद में महिला रंगकर्म की सूचना देखने को मिलती है। इन्द्र की सभा में महिला रंगकर्मियों द्वारा

प्रदर्शित 'लक्ष्मी स्वयंवर' नाटक का उल्लेख मिलता है, जिसकी रचना देवी सरस्वती के द्वारा बताई गई है—"सरस्वतीकृतकाव्यबन्धे लक्ष्मीस्वयंवरे"[11] महाकवि श्रीहर्ष विरचित प्रियदर्शिका नाटक के भीतर उदयनचरित नामक एक और नाटक खेला जाने का वर्णन है, जिसकी रचना संकृत्यायनी नामक स्त्री के द्वारा होती है।[12] प्रतिमा नाटक के प्रथम अंक में श्रीरामचन्द्र के अभिषेक के समय जो नाट्य-प्रस्तुति का आयोजन होता है उसमें नेपथ्य का संचालन रेवा नामक स्त्री के द्वारा होता है—"णेवच्छपालिणी अय्यारेवा"[13] महाभारत के हरिवंश पर्व में वज्रनाथ वध तथा प्रद्युम्नविवाह के अवसर पर 'रामायण नाटक' के खेले जाने का प्रसंग मिलता है, जिसमें नाटक की सफलता पर प्रसन्न होकर महिला-दर्शकों द्वारा अपने आभूषण उतार कर अभिनेताओं को उपहारस्वरूप भेंट किए जाने का चित्रण दृष्टव्य है। कश्मीर के कवि दामोदर गुप्त के 'कुट्टनीमत' नामक काव्य में महिला नाट्य संघ का उल्लेख मिलता है। राजा समरभट जब वाराणसी में विश्वेश्वर मन्दिर देखने आते हैं तब उनके सामने गणिकाओं द्वारा 'रत्नावली' नाटक के प्रथम अंक की प्रस्तुति का वर्णन कुट्टानीमत में मिलता है। नायिका रत्नावली की भूमिका के साथ-साथ राजा उदयन, विदूषक, वसन्तक आदि पुरुष पात्रों की भूमिकाएँ भी गणिकाओं के द्वारा ही अभिनीत होती है।[14] उसी प्रकार 'वाल्मीकी रामायण' के बालकांड के पाँचवें सर्ग के अयोध्या वर्णन में वधू नाटक संघों (महिला नाट्य मंडली) के बारे में बताया गया है—"वधूनाटकसंघैश्च संयुक्तां सर्वतः पुरीं"[15]

पौराणिक व साहित्यिक ग्रन्थों से प्राप्त इन सूचनाओं के आधार पर निम्नलिखित बातों का अनुमान लगाया जा सकता हैं—

1. प्राचीन समय में नृत्य, अभिनय, नाट्य-रचना, नेपथ्य के कार्यव्यापार इत्यादि रंगकर्म के अन्यान्य पहलुओं तथा रंग-प्रदर्शन के दर्शकों के रूप में महिलाओं की उपस्थिति अवश्य रही थी।

2. प्राचीन समय में ऐसी अभिनेत्रियाँ विद्यमान थीं, जो अभिनय कला के अतिकठिन व सूक्ष्म पक्षों की प्रयुक्ति में सक्षम थीं तथा जिनकी अभिनय कुशलता को राजा, महाराजा एवं अन्य भद्र समाज की ओर से प्रशंसा एवं सम्मान प्राप्त हुआ करते थे।

3. प्राचीन समय में ऐसे अनेक महिला नाट्य संघ भी विद्यमान थे जिनके नाट्य प्रदर्शनों में पुरुष पात्रों की भूमिका भी महिलाओं द्वारा निभाई जाती थी।

अर्थशास्त्र में

कौटिल्य का अर्थशास्त्र रंगमंच सम्बन्धी सूचनाओं से युक्त एक ऐसा शास्त्र ग्रन्थ है जिसमें सामाजिक एवं राजनीतिक स्तरों में रंगकलाओं के अर्थशास्त्रीय तत्त्वों को प्रस्तावित किया गया है। इसमें कलाओं के प्रति जो दृष्टि अपनाई गई है वह सौन्दर्यशास्त्रीय नहीं है बल्कि कलाओं के प्रयोजन सम्बन्धी मूल्यों पर बल देनेवाली है। अर्थात् समाज के लिए कलाएँ किन-किन प्रकारों से लाभदायक हैं इन पर विशेष रूप से विचार किया गया है। इसमें अभिनय, नृत्य, संगीत इत्यादि रंगकर्मों से जुड़ी गणिकाओं, दासियों तथा अभिनेत्रियों के बारे में बताया गया है। अर्थशास्त्र के 'अध्यक्षप्रचारं' नामक द्वितीय अधिकरण के 'गणिकाध्यक्षप्रकरण' नामक अध्याय में ऐसा बताया गया है कि नृत्य एवं अभिनय कलाओं में निपुण यौवनयुक्त रूपवती गणिका को हज़ार रुपये का वेतन देकर नियुक्त करना चाहिए। ऐसा भी सूचित किया गया है कि जब इन गणिकाओं का नाट्य संघ अपनी कलाओं का प्रदर्शन करता है, तब उसे 'प्रेक्षा वेतन' के रूप में पाँच रुपये देना चाहिए। जो व्यक्ति 'रंगोपजीवी' (जिसकी आजीविका रंगमंचीय प्रदर्शन से हो) गणिकाओं को नृत्य, अभिनय, गीत, वाद्य आदि का शिक्षण देता है उसको अपनी आजीविका के लिए राजकीय कोष से वेतन देना चाहिए। इसी तरह विभिन्न प्रकार के करों पर चर्चा करनेवाले अधिकरण में कौटिल्य ने ऐसा भी सूचित किया है कि जो स्त्री अपने पति की अनुमति के बिना दिन के समय में 'स्त्री प्रेक्षा' (मात्र स्त्रियों के द्वारा प्रदर्शित रंगाविष्कार) देखने जाती है, उससे 6 रुपये वसूल किए जाने चाहिए। अगर वह 'पुरुष प्रेक्षा' देखने जाती है तो उससे 6 रुपये के स्थान पर 12 रुपये वसूल किए जाने चाहिए।[16]

अर्थशास्त्र से मिलनेवाली सूचनाओं के आधार पर हम निम्नलिखित तथ्यों पर पहुँच सकते हैं—

1. मात्र स्त्रियों के द्वारा किए जानेवाले रंग-प्रदर्शन प्राचीन समय में विद्यमान थे जो 'स्त्री-प्रेक्षा' नाम से जाने जाते थे।
2. प्राचीन समय में नृत्य, अभिनय, संगीत इत्यादि के सहारे अपनी आजीविका चलानेवाली 'रंगोपजीवी महिलाएँ' विद्यमान थीं।
3. रंगोपजीवी महिलाओं की सामाजिक स्थिति का निर्धारण पुरुष-केन्द्रित नैतिक बोध के आधार पर होता था।

नाट्यशास्त्र में

आचार्य भरतमुनि प्रणीत 'नाट्यशास्त्र' एक ऐसा प्राचीन ग्रन्थ है, जिसमें नाट्यकला के ऐतिहासिक, रचनात्मक, अभिनयात्मक और रसात्मक पक्षों पर समष्टि रूप से विशद एवं वैविध्यपूर्ण विचार किया गया है। हमारे धर्म-प्राण देश में प्रत्येक वस्तु की दिव्य-उत्पत्ति सिद्ध करने की परम्परा रही है। नाट्य में स्त्री के प्रवेश के सम्बन्ध में भी ऐसी एक दन्त कथा नाट्यशास्त्र में उल्लिखित है। ब्रह्मा ने ऋग्वेद से पाठ्य, यजुर्वेद से अभिनय, सामवेद से गीत और अथर्ववेद से रस का संग्रह कर पंचमवेद के रूप में 'नाट्यवेद' की सृष्टि की। उन्होंने आचार्य भरतमुनि को नाट्यवेद की शिक्षा दी तथा आदेश दिया कि अपने शत पुत्रों के सहयोग से नाट्यवेद का प्रयोग करें। इस क्रम में नाट्य की मातृरूपा भारती, आरभटी और सात्वती आदि वृत्तियों का प्रयोग तो भरतमुनि कर सकें। किन्तु कैशिकी वृत्ति का प्रयोग वे नहीं कर पाएँ। भरतमुनि के अनुसार कैशिकी वृत्ति का लक्षण इस प्रकार है-

"या शलक्ष्णनेपथ्यविशेषयित्रा स्त्रीसंयुता या बहुनृत्तगीता
कामोपभोगप्रभवोपचारा तां कैशिकीं वृत्तिमुदाहरन्ति।"[17]

अर्थात् उसी को कैशिकी वृत्ति समझना चाहिए जो आकर्षक वेश-भूषा के कारण विशेष सुरुचिपूर्ण हो, जिसमें स्त्री-पात्र तथा अनेक प्रकार के नृत्यों, गीतों तथा वाद्यों का समावेश हो, जिसमें प्रणय व्यापार तथा विलास आमोद बहुल प्रसंगों का प्रदर्शन हो। कैशिकी वृत्ति के इस लक्षण में "स्त्रीसंयुता" अर्थात् स्त्रियों के संयोग पर विशेष बल दिया गया है। उस समय नाट्य-प्रयोग के लिए आवश्यक गुणों से युक्त महिलाएँ उपलब्ध नहीं थीं। भरतमुनि के निवेदन पर ब्रह्मा ने 24 अप्सराओं की सृष्टि की जो नाट्यकला में अत्यन्त निपुण थीं। वे हैं मञ्जुकेशी, सुकेशी, मिश्रकेशी, सुलोचना, सौदामिनी, देवदत्ता, देवसेना, मनोरमा, सुदती, सुन्दरी, विदग्धा, विपुला, सुमाला, सन्तती, सुनन्दा, सुमुखी, मागधी, अर्जुनी, सरला, केरला, धृति, नन्दा, पुष्कला और कलभा। इन अप्सराओं को साथ लेकर ही भरतमुनि ने नाट्य का प्रयोग किया था।[18] इस दन्तकथा से यह बात स्पष्ट हो जाती है कि नाट्यशास्त्रकार आचार्य भरत मुनि ने भी नाट्य में महिलाओं की उपस्थिति को अपरिहार्य माना है।

स्त्री और पुरुष की भिन्न प्रकृति को दृष्टि में रखकर भरतमुनि ने दो प्रकार के नाट्य-प्रयोग की कल्पना की हैं—सुकुमार और आबिद्ध। सुकुमार प्रयोग में नारी-पात्रों की प्रधानता रहती है और आबिद्ध में पुरुषों की। सुकुमार प्रयोग में

युद्ध, मार-काट, हत्या और उसी प्रकार के अन्य भयावह दृश्यों का प्रयोग नहीं होता क्योंकि ऐसा माना जाता था कि इनका प्रयोग नारी के द्वारा सम्भव नहीं है। भरतमुनि ने श्रृंगाररस प्रधान सुकुमार प्रकृति ही स्त्रियों के लिए उचित मानी है। नाट्यशास्त्र के 31वें अध्याय में भरतमुनि ने स्त्री प्रधान नृत्य के सुकुमार रूप-लावण्य की चर्चा की है। नाट्यशास्त्र में लास्य के दस अंगों का उल्लेख पाया जा सकता है—

1. गेयपद, जिसमें तन्त्री और भांड की सहाय शुष्क गायन होता है।
2. स्थित पाठ्य, जिसमें कामपीड़ित विरहिणी स्त्री प्राकृत भाषा में गायन करती हैं।
3. आसीन, जिसमें स्त्री चिन्ताशोक समन्वित होती है तथा उसमें वाद्य का प्रयोग नहीं होता।
4. पुष्पगन्धिका में स्त्री नर-वेश में होती है। वह सखियों के विनोद के लिए ललित संस्कृत का पाठ करती है।
5. प्रच्छेदक में ऐसी स्त्रियाँ जो चन्द्रज्योत्सना-पीड़ित मानिनी होती है अपने विप्रियकारी पति का भी आलिंगन करती हैं तथा उनके अपराधों को क्षमा भी करती हैं।
6. त्रिगूढक लास्य ऐसा नृत्य है जो पुरुष-प्रयोज्य है। इसके पद सुकुमार और नृत्त सम होते हैं।
7. सैधंवक लास्य में पात्र विस्मृत-संकेत प्रिय (अथवा प्रिया) को न पाकर संकेत भ्रष्ट होता है तथा प्राकृत भाषण में गायन करती है।
8. द्विमूढ़क लास्य में चौरस पद, मंगलार्थक गीत और अभिनय तथा भाव एवं रस का समावेश होता है।
9. उत्तमोत्तम लास्य अनेक रस, हेला-भाव तथा विचित्र श्लोक-बन्धों से सम्बद्ध होता है।
10. उक्त प्रयुक्त लास्य में कोप-प्रसाद जनित अधिक्षेपपूर्ण उक्त भावों का प्रयोग उक्ति प्रयुक्ति शैली में होता है। इसमें गीतार्थ की योजना भी रहती है।

इन दस लास्यांगों के अतिरिक्त भरतमुनि ने दो और लास्याँगों का भी उल्लेख किया है—भावित और विचित्रपदा। भावित में कामाग्नि सन्तप्त स्त्री प्रिय को स्वप्न में देखकर विविध भावों का प्रकाशन करती है। विचित्रपद नामक लास्य में विरहिणी नारी प्रिय की प्रतिकृति को देखकर अपना मनोविक्षेप करती है।[19]

इसके साथ-साथ भरतमुनि ने नायिकाभेद पर भी विचार किया है। नाटक में जिस प्रकार नायक विभिन्न वर्ग और सामाजिक स्तर के होते हैं, उसी प्रकार विभिन्न स्वभाव की नायिकाएँ भी होती हैं। उन्होंने स्त्री के शील, सामाजिक प्रतिष्ठा, आचरण की पवित्रता, काम की विविध दशाएँ, अंग-सौन्दर्य, उम्र की विशेषताएँ, जीवन की प्रकृति तथा अवस्था को विशेष महत्त्व देते हुए नायिका भेद पर विस्तार से विचार किया है। आचार्य भरतमुनि ने सर्वप्रथम सामाजिक प्रतिष्ठा के आधार पर नायिकाओं के चार भेद बताए हैं—दिव्या, नृपत्नी, कुलस्त्री, गणिका। शृंगारिक चेष्टा या मनोवृत्ति के आधार पर नायिका के तीन प्रकार बताए है—बाह्या (बाह्या नायिका में शृंगार-भावना प्रत्यक्ष रूप से दिखलाई पड़ता है), आभ्यन्तरा (ऐसी नायिका जो अपनी शृंगारिक प्रवृत्ति को समय समय पर प्रकट करती हो, हर समय नहीं), बाह्याभ्यन्तरा (ऐसी नायिका गणिका होती है, परन्तु वह आचरण से पवित्र होती है)। नायक से सम्बन्ध के आधार पर नायिकाओं के आठ भेद बताए गए है—

वासकसज्जा (जो नायिका काम के लिए आतुर होकर योग्य आभूषणों को प्रसन्न होकर धारण करती हो तथा अपने को सजा संवारकर अपने पति या प्रियतम की प्रतीक्षा करती है), विरहोत्कंठिता (जिसका पति या प्रेमी अनेक कार्यों में व्यस्त रहने से समय पर न आ सके और इसी कारण वह स्त्री दुखी रहे वह 'विरहोत्कण्ठिता' नायिका है), स्वाधीनभर्तृका (जिसका पति या प्रेमी सदैव उसके पास रहे उस अत्यन्त हर्ष, सौभाग्य और अभिमान शालिनी नायिका को 'स्वाधीनभर्तृका' कहा जाता है), कलहान्तरिता (जिसका पति या प्रेमी ईर्ष्या और कलह के कारण नायिका से दूर चला जाए और नायक के न आने पर नायिका क्रोध में रहे उसे 'कल्हान्तरिता' कहा जाता है), खंडिता (अपने पति या प्रेमी को अन्य स्त्री से आसक्त होता देखकर दुखी रहनेवाली नायिका खंडिता है), विप्रलब्धा (जो स्त्री अपने नायक को सन्देश भेज कर निश्चित स्थान पर बुलाती है और किसी कारणवश नायिका के पास नायक ना पहुँच पाए ऐसी नायिका विप्रलब्धा कहलाती है), पोषितभर्तृका (जिसका पति किसी महत्वपूर्ण कार्य से विदेश चला जाए और इसी कारण बिना बालों को संवारे जो नायिका शिथिल होकर बिस्तर पर लेटी रहे उस नायिका को 'प्रोषित-भर्तृका' कहा जाता है), अभिसारिका (मद के आवेगवश जो लज्जा को छोड़कर प्रिय से मिलने के लिए संकेत स्थान पर जाती है, उसे अभिसारिका नायिका

कहते है)। नायक के प्रति प्रेम के आधार पर नायिका भेद तीन प्रकार की होती है—मदनातुरा (जो नायिका प्रेम के मद से एकदम आतुर हो जाए उसे मदनातुरा नायिका कहा जाता है), अनुरक्ता (जो नायिका प्रेम से सन्तुष्ट हो उसे या प्रेम में आसक्त नायिका को अनुरक्ता नायिका कहलाती है), विरक्ता (स्नेह से परे हो राग भावना से परे हो ऐसी नायिका विरक्ता कहलाती है)। प्रकृति के आधार पर नायिका के तीन भेद है—उत्तमा (जो नायिका अपने नायक का हर स्थिति में हित चाहे जबकि नायक ने उसके साथ कितना भी अन्याय किया हो उत्तमा नायिका सदैव कल्याण ही चाहती है), मध्यमा (जो नायिका अपने नायक का हित के बदले हित और अहित के बदले अहित करती है ऐसी नायिका 'मध्यमा' कहलाती है), अधमा (जो नायिका अपने नायक का केवल अहित ही चाहती हो उसे 'अधमा' नायिका कहा जाता है)। भरतमुनि ने यौवन लीलाओं के आधार पर भी नायिकाओं के भेद बताए है—प्रथम यौवना (इस अवस्था में वह नायिका आती है जिसने बाल स्वरूप को त्याग कर दो तीन वर्ष व्यतीत कर लिए हो 13 वर्ष से 16 वर्ष की आयु प्रथम यौवना नायिका होती है जिसके उरोज अंकुरित होते है और राजोवृत्ति आरम्भ होती है), द्वितीय यौवना (इस अवस्था में नायिका के उरोज पूर्ण रूप से विकसित हो जाते है जो 16 वर्ष से 25 वर्ष तक की आयु की नायिका होती है), तृतीय यौवना (इस अवस्था की नायिका यौवन के चरमोत्कर्ष में पहुँच चुकी होती है इसमें नायिका की आयु 25 वर्ष से 40 वर्ष तक की होती है), चतुर्थ यौवना (इस अवस्था की नायिका प्रौढ़ अवस्था में प्रवेश कर चुकी होती है इसमें नायिका 40 वर्ष से अधिक आयु की होती है)।

नाट्यशास्त्र से मिलनेवाली सूचनाओं के आधार पर निम्नलिखित बातें स्पष्ट हो जाती हैं—

1. महिलाओं की अनुपस्थिति में नाट्य की प्रस्तुति अपूर्ण रहती है। किन्तु नाट्य में महिलाओं की उपस्थिति किस प्रकार होनी चाहिए अथवा नाट्य में प्रस्तुत स्त्री का स्वरूप व स्वभाव कैसे होना चाहिए आदि बातों से सम्बन्धित शास्त्रीय व्याख्याओं में उस ज़माने की पितृसत्तात्मक विचारधारा तथा उससे उत्पन्न सौन्दर्यशास्त्रीय प्रतिमानों का घोर प्रभाव अवश्य ही पाया जा सकता है।
2. शृंगार रस प्रधान सुकुमार प्रकृति को स्त्री प्रकृति का आदर्श रूप स्थापित करते हुए भरतमुनि ने नाट्य में महिलाओं की भूमिका को

शोभाकारक व श्रृंगार रसोत्पादन के साधन के रूप में प्रस्तावित किया है।

3. नाट्यशास्त्र में भरतमुनि ने स्त्री को सुख का मूल एवं काम भाव का आलम्बन मानकर ही नायिका भेद का निरूपण किया है। नाट्य में प्रस्तुत नायिका के गुण, व्यक्तित्व एवं क्रिया कलापों का स्वभाव इतना सीमित है कि उनका मूल आधार नायक के साथ उसके प्रेम या काम सम्बन्ध मात्र है।

अप्सरा, गणिका, नटी एवं देवदासी

जहाँ तक प्राचीन समय की महिला रंगकर्मियों की बात है, रंगकर्म की अधिष्ठात्री स्त्रियों में अप्सरा, गणिका, नटी, देवदासी आदि नाम विशेष रूप से उल्लेखनीय हैं। नाट्यशास्त्र प्रभृति शास्त्र ग्रन्थों में इनकी विशेषता, कला-वैदग्ध्य, सामाजिक स्थिति आदि के सम्बन्ध में अनेक प्रकार के उल्लेख पाए जाते हैं। स्वर्ग की अप्सराओं को नृत्य, अभिनय और संगीत की अधिष्ठात्री बताई गई हैं। वेदों, पुराणों, शास्त्रों और साहित्य ग्रन्थों में सर्वत्र इनके अस्तित्व की सजीव चर्चाएँ देखने को मिलती हैं। भरतमुनि का नाट्यशास्त्र, नन्दिकेश्वर का अभिनयदर्पण आदि शास्त्रीय ग्रन्थों में ब्रह्मा की आज्ञा से नृत्य-प्रयोग में लगी अप्सराओं के सम्बन्ध में कई उल्लेख प्राप्त होते हैं। अभिनयकला की उन्नति और ख्याति में जिन महिला रंगकर्मियों का महत्वपूर्ण योगदान रहा है उनमें गणिकाओं का नाम भी विशेष रूप से उल्लेखनीय है। देवलोक एवं गन्धर्वलोक में जो स्थिति दिव्याँगना अप्सराओं की रही है, मनुष्य लोक में वहीं स्थिति गणिकाओं की रही। अप्सराओं द्वारा प्रवर्तित नृत्य-संगीत की परम्परा को गणिकाओं ने अपने कुलधर्म के रूप में स्वीकार किया। प्राचीन भारत के गणतन्त्रों में गण की सार्वजनिक सम्पत्ति होने के कारण वे गणिका नाम से अभिहित की गई है। सभ्य, सुशिक्षित एवं संस्कृत नारी के रूप में समाज में गणिकाओं का बड़ा आदर-सम्मान होता था। संस्कृत नाटकों में अन्य नारी पात्रों को प्राकृत में, किन्तु गणिका को संस्कृत में संवाद करते हुए दिखाया गया है। संस्कृत नाटकों की प्रस्तावना में सूत्रधार के साथ 'नटी' भी प्राय: विद्यमान रहती है। भास के नाटकों में वह सूत्रधार की पत्नी के रूप में प्रस्तुत है। नटी के प्रति प्रयुक्त सम्बोधन 'आर्ये' है। यह सम्बोधन प्राय: पत्नियों के लिए प्रयुक्त होता है। मृच्छकटिक, रत्नावली और मुद्राराक्षस जैसे नाटकों की नटी सूत्रधार

की पत्नी के रूप में ही प्रस्तुत हुई है। इनमें सूत्रधार नटी को 'प्रिये' शब्द से सम्बोधित करते हैं। इससे अनुमान किया जा सकता है कि सूत्रधार और नटी (एक ही जाति की) नाट्य व्यवसाय करनेवाली विशिष्ट जाति के लोग थे। नटी गीत, नृत्य तथा अभिनय कलाओं में निपुण होती थी। अभिज्ञान शाकुन्तल तथा चारुदत्त नाटक में भी गीत की योजना उसी के द्वारा होती है। नृत्य और संगीत के माध्यम से भगवान की आराधना करनेवाली रंगकर्मी महिलाएँ प्राचीन मन्दिरों में थीं। इतिहास से हमें पता चलता है कि आठवीं सदी तक पहुंचते-पहुंचते समूचे दक्षिण भारत में आर्यों का प्रभाव जम गया था। यहाँ बड़े-बड़े मन्दिर बनवाए गए और नृत्य तथा नृत्याँगनाएँ मन्दिर की पूजा विधि के अभिन्न अंग बन गई। ये देवदासी नाम से जानी जाती थीं तथा इनका नृत्य 'दासियाट्टम' नाम से जाना जाता था। देवदासी परम्परा में लड़कियों को मन्दिर में समर्पित किया जाता था और उन्हें देवताओं के साथ विवाहित माना जाता था। उन्हें शिक्षकों द्वारा नृत्य का प्रशिक्षण भी दिया जाता था। नृत्य और संगीत के माध्यम से भगवान की सेवा करना ही इन देवदासियों का धर्म था। इनके नृत्य का आन्तरिक तत्त्व श्रृंगार-भक्ति से अनुप्रेरित था। तमिल के प्राचीन साहित्य में देवदासी को 'मणिक्कम' अर्थात रत्नों के बीच मणि बताई गई है। मरीची संहिता के अनुसार 'कणिहै' (देवदासी) को समाज में उच्च कोटी का स्थान है। कणिहै का लक्षण यहीं है कि उसे ज़्यादा पवित्र एवं सहनशील तथा यौवन व मृदुलता से भरपूर होना चाहिए, साथ ही वह अपने लिए कोई इच्छा न करे या उसको महत्त्व न दे। उसे नाट्यकला में निपुण भी होना चाहिए। वह दोनों समय स्नान करें, शुद्ध व सुन्दर वस्त्र धारण करें, ये भी नियम है। भरतमुनि के नाट्यशास्त्र में अध्याय 35 में कणिहै के उत्तम गुणों का वर्णन है।[20]

संस्कृत की महिला नाटककार

भास-कालिदास प्रभृति नाट्यकारों के समान महिला नाटककारों की भी परम्परा अति प्राचीन काल से ही संस्कृत में रही है जो नाट्य सर्जना में अपना चिरन्तन योगदान देती रही है। इतिहास के पन्नों में प्रायः इन लेखिकाओं का नाम उल्लिखित नहीं है, फिर भी संस्कृत नाट्य साहित्य को समृद्ध करने में इनका जो योगदान रहा है वह निश्चय ही अत्यन्त महत्वपूर्ण है।संस्कृत नाट्य क्षेत्र में सर्वाधिक प्राचीन ज्ञात महिला नाटककार विजयभट्टारिका हैं, जिन्होंने 'कौमुदी-महोत्सव' नामक नाटक की रचना की है। [21] संस्कृत साहित्येतिहास

में विज्जका, विजयंका, विज्जा तथा विद्या आदि अनेक नामों से इनका उल्लेख हुआ है। मुकुल भट्ट, धनिक तथा मम्मट आदि आचार्यों ने विजया के पद्यों को अपने लक्षण ग्रन्थों में उद्धृत किया है। अत: विज्जा का काल इनसे पूर्व, किन्तु दंडी के कुछ पश्चात् माना गया है। दंडी के द्वारा रचित 'काव्यादर्श' के मंगलश्लोक में वर्णित 'सर्वशुक्लासरस्वती' का अपने साथ समानता बतलाकर नीलवर्णा कहती यह दंडी का उपहास करती है।[22] अत: विज्जका का काल 710 ई. से 860 ई. के मध्य माना जा सकता है। 'कौमुदी महोत्सव' के नाट्य-वैशिष्ट्य से प्रभावित विश्वनाथ भट्टाचार्य तो विजया को भवभूति से अधिक महत्त्व प्रदान करते हैं। विक्रमपुर के धानुका ग्राम के सुप्रसिद्ध पंडितवंश में उत्पन्न मुराभट्ट की पुत्री जयन्ती देवी ने 'आनन्दलतिका' नामक रूपक की रचना अपने पति श्रीकृष्णनाथ के साथ मिलकर की थी। इनका काल 17वीं शती का उत्तरार्द्ध माना जा सकता है। 'आनन्दलतिका' पद्य-प्रधान रचना है फिर भी इसमें नाटक की भान्ति नान्दीपाठ, स्थापना, ग्रन्थ एवं ग्रन्थकार का परिचय, पात्रों के परस्पर संवाद आदि के होने से इसे पद्य-प्रधान नाटक की कोटि में रखा जा सकता है। डॉ. कृष्णमाचार्य ने 'रामाभ्युदय' नाटक का उल्लेख किया है जिसकी रचना शारदादेवी के द्वारा हुई है। कहा जाता है कि उन्होंने 18 अन्य रूपकों की रचना भी की थी किन्तु इनका समय एवं परिचय अज्ञात है। उपेन्द्रपुर निवासी विद्वान् अनन्ताचार्य की पुत्री त्रिवेणी ने अपने वैधत्य प्राप्ति के पश्चात् अनेक नाटकों की रचना की थी। इनमें प्रमुख हैं रंगाभ्युदय, सम्पत्कुमारविजयम्, रंगराट्समुदयम् तथा तत्त्वमुद्राभद्रोदयम् आदि।[23] इन सभी सूचनाओं से यह बात स्पष्ट हो जाती है कि संस्कृत नाट्य साहित्य की रचना के क्षेत्र में भी महिलाएँ अवश्य उपस्थित थीं।

प्राचीन भारतीय रंगमंच में महिलाओं की उपस्थिति की परम्परा को ढूंढ़ने का प्रयास करते हुए हम सहज ही इस निष्कर्ष पर पहुँच सकते है कि प्रमाणों का अभाव नही बल्कि अन्वेषणों व व्याख्याओं की अपर्याप्तता ही रंगमंच में महिलाओं की रचनात्मक भूमिका को इतिहासबद्ध करने की असमर्थता का कारण रही है। ज्ञान-स्रोतों में परिव्याप्त सूचनाओं पर दृष्टि डालने से यह बात सहज ही सिद्ध हो जाती है कि प्राचीन समय में रंगमंच का क्षेत्र महिला उपस्थिति से वंचित नही रहा था। ऐसा अनुमान भी लगाया जा सकता है कि नाट्य रचना से लेकर नेपथ्य-कार्य तक के अन्यान्य रंगकर्मीय पहलुओं में प्रशिक्षण प्राप्त महिलाएँ प्राचीन समय के समाज में विद्यमान थीं। रंगकर्म द्वारा अपनी आजीविका चलानेवाली तथा अनुष्ठान के रूप में मन्दिरों में कलाओं

की प्रस्तुति करनेवाली महिलाओं के विशेष वर्ग भी प्राचीन समय में अवश्य उपस्थित थे। परन्तु पितृसत्तात्मक व्यवस्था के प्रभाव के कारण, रंगमंच के क्षेत्र में भी पुरुषों का वर्चस्व कायम रहा। तब से लेकर रंगमंच में स्त्री की स्थिति और उपस्थिति कैसे होना चाहिए इसका निर्णय सत्तात्मक सम्बन्धों के आधार पर निर्धारित होने लगा। भारतीय विद्वानों व नाट्याचार्यों के पुरुष-प्रधान विचारों ने पूरे रंगमंच के सौन्दर्य-तत्त्वों को गहरे रूप से प्रभावित किया। इसी पुरुष केन्द्रित दृष्टि ने ही परवर्ती रंगमंचीय इतिहासों के विस्तृत परिछेदों से महिला उपस्थिति की परम्परा को विस्थापित किया। परन्तु प्राचीन भारत के सांस्कृतिक अवशेषों से उपलब्ध सूचनाएँ अवश्य ही रंगमंच और महिलाओं के बीच के सुदृढ़ सम्बन्ध के सशक्त प्रमाण है।

सन्दर्भ

1. Kenneth McGowan, William Metlenitz, Dance-First Art of the Theatre-Stage : A History of the World Theatre, p.8
2. ऋग्वेद (हिन्दी भाष्य) 1014, महर्षि दयानन्द सरस्वती कृत, पृ.8
3. Quoted by Iravati, Performing Artists in Ancient India, p.66
4. एन. ललिता द्वारा उद्धृत, देवदासी प्रथा, धर्म के आर पार औरत, सं. नीलम कुलश्रेष्ठ, पृ. 38
5. Quoted by Iravati, Performing Artists in Ancient India, p.66
6. वही, पृ.65
7. महाकवि भास, चारुदत्तं, प्रथम अंक, सं. गणपति शास्त्री, पृ.22
8. महाकवि कालिदास, मालविकाग्निमित्रं, प्रथम अंक, सं. श्री तारानाथ तर्कवाचस्पति, पृ.1-38
9. महाकवि भवभूति, उत्तररामचरितं, सं. टी. आर. रत्नम ऐय्यर, वासुदेवलक्ष्मणशास्त्री पणशीकर
10. डॉ. प्रिया नायर द्वारा उद्धृत, रंगवेदियिले स्त्री : चरित्रवुम पाठसन्दरभङ्लुम, पेन्नरङ : कालान्तरयात्रकल्, सं. डॉ. आर बी राजलक्ष्मी, डॉ. प्रिया नायर, पृ.35
11. महाकवि कालिदास, विक्रमोर्वशीयं, तृतीय अंक, सं. वेदान्त शास्त्री, पृ.100,101
12. महाकवि श्रीहर्ष, प्रियदर्शिका, तृतीय अंक, सं. अभिनवभट्टबाण कृष्णमाचार्य, पृ.35-71
13. महाकवि भास, प्रतिमनाटकं, प्रथम अंक, सं. परमेश्वरानन्द शास्त्री, श्री विजयानन्द शास्त्री, पृ.51

14. दामोदर गुप्त, कुट्टनीमतं, श्लोक 802, 803, पृ.157
15. वाल्मीकि रामायण, बालकांड, पंचम सर्ग, सं. पंडित चन्द्रशेखर शास्त्री, पृ.19
16. कौटिल्य, अर्थशास्त्रं, सं. उदयवीर, पृ.278-284
17. सुरेन्द्रनाथ दीक्षित, भरत और भारतीय नाट्यकला, पृ. 432
18. भरतमुनि, नाट्यशास्त्रं, प्रथम संस्करण, अनु. के पी नारायण पिषारटि, पृ.89
19. सुरेन्द्रनाथ दीक्षित द्वारा उद्धृत, भरत और भारतीय नाट्यकला, पृ.474
20. एन. ललिता द्वारा उध्दृत, देवदासी प्रथा, धर्म के आर पार औरत, सं. नीलम कुलश्रेष्ठ, पृ. 38
21. श्याम शर्मा, संस्कृत के ऐतिहासिक नाटक, पृ. 389
22. डॉ. मीरा द्विवेदी, आधुनिक संस्कृत महिला नाटककार, पृ. 3
23. वहीं

पारम्परिक भारतीय महिला रंगाभिव्यक्ति की जीवित परम्परा

जो प्रदर्शनकारी कलाएँ पारम्परिक रूप से सुरक्षित एवं पीढ़ी-दर-पीढ़ी से होकर हस्तान्तरित होती है उन्हें सामान्यत: पारम्परिक रंगमंच की अभिधा से अभिहित की जाती है। पारम्परिक रंगकलाओं का स्वरूप प्रत्येक प्रदेश की भौगोलिक स्तिथि, स्थानीय संस्कृति एवं सौन्दर्यबोध के साथ सीधा जुड़ा हुआ होता है तथा प्रत्येक रंगकला की अपनी अलग-अलग रूप-रचना एवं विशेष प्रदर्शन शैली भी अवश्य रहती हैं। आधुनिक भारतीय समाज की उत्क्रान्ति के बहुत पूर्व ही हमारे देश के अन्यान्य प्रदेशों में अपनी स्थानीय व सांस्कृतिक रूढ़ियों एवं सृजनात्मक विशेषताओं से सम्पन्न ऐसी कई रंगकलाएँ उपस्थित थीं जिनकी नैसर्गिक परम्परा को आज भी सुरक्षित तथा जीवित पाए जा सकते हैं। पारम्परिक रंगमंच की इस जीवित परम्परा को अपने स्वरूप व स्वभाव के आधार पर दो अलग-अलग विशिष्ट धाराओं में विभक्त करके देखा जा सकता है—लोक धारा एवं शास्त्रीय धारा। शास्त्रीय रंगमंच का स्वरूप मूलत: नाट्यशास्त्रीय ग्रन्थों में निर्धारित नियमों पर आधारित होता है तो लोक रंगमंच किसी शास्त्र या नियमों से आबद्ध न रहकर जन सामान्य के जीवन की सहज एवं स्वाभाविक अभिव्यक्ति होती है।

आधुनिक रंगमंच के विकास एवं वर्तमान स्त्रीपक्षीय विचारों के प्रचार-प्रसार के बहुत पूर्व से प्रचलित इन लोक तथा शास्त्रीय धाराओं की कई रंगकलाओं में महिलाओं की निजी व सजीव उपस्थिति विद्यमान थी। स्त्री और पारम्परिक कलाओं के बीच के अटूट सम्बन्ध को सूचित करते हुए प्रमुख रंग आलोचक श्रीमती चित्रा मोहन ने जो बताया है, वह यहाँ उल्लेखनीय है। चित्रा जी के शब्दों में—"स्त्रियाँ ही एक ऐसा माध्यम है जो अपने प्रकृतिदत्त व्यवहार एवं जिजीविषा के कारण संस्कृति के सभी पक्षों को अपने भीतर

समेटे, पीढ़ी-दर-पीढ़ी परम्परा में ढालती चली आई। ये भी प्रागैतिहासिक साक्ष्य है कि पुरानी भाषा, रीति-रिवाज़, संस्कार अनुष्ठान पुरुषों की अपेक्षा स्त्रियों में काफी हद तक जीवित रहे। ऐसा इसलिए हुआ कि सामान्यत: स्त्रियों के जीवन में ही 'आदिम तत्त्व' अधिक मात्रा में मौजूद रहे हैं जबकि पुरुष अपने कबीले या अपनी जाति के बाहर के समुदाय से अधिकाधिक सम्पर्क में आने के कारण बाह्य जगत से अधिक प्रभावित होता रहा है। और तो और प्रागैतिहासिक काल के 'मातृसत्ता' युग का प्रभाव आज भी व्याप्त है। आरम्भिक अनुष्ठानों और उत्सवों पर स्त्रियों का ही एकाधिकार था जिसका प्रत्यक्ष उदाहरण आज भी यदा-कदा देखने को मिलता है। सांस्कृतिक जीवन की सहज अभिव्यक्ति के इन रंगमंचीय रूपों को जीवित रखने में महिलाओं की जो भूमिका रही है, वह निश्चित रूप से ऐतिहासिक महत्त्व रखनेवाली है।"[1] मध्यकालीन समाज में परिव्याप्त सांस्कृतिक एवं नैतिक मान्यताओं के प्रभाव के कारण भारत के विभिन्न प्रदेशों में प्रचलित सर्वमान्य लोक व क्लासिकी रंग कलाओं में महिलाओं की उपस्थिति मात्र दर्शकों के रूप में सीमित रही थी। किन्तु हमारे देश के अन्यान्य प्रदेशों में अपनी स्थानीय विशेषताओं से युक्त ऐसी अनेक स्त्री-प्रस्तुतिपरक लोक-कलाओं की जीवन्त परम्परा अक्षुण्ण रहीं, जो मध्यकाल के पुरुष-प्रधान रंगमंच के समानान्तर महिला समूहों की अपनी निजी 'स्पेस' में काफी प्रचलित एवं सुरक्षित रही हैं। महिला रंगाभिव्यक्ति की इस लोक परम्परा के समान कुछ ऐसी शास्त्रीय रंगकलाएँ भी हमारे देश के विभिन्न प्रदेशों में लोकप्रिय रही हैं जिनमें महिलाओं की सक्रिय उपस्थिति विद्यमान है। पुराने समय से लेकर वर्तमान काल तक परम्परा के रूप में पीढ़ी-दर-पीढ़ी चली आनेवाली ये महिला प्रदर्शनकारी कलाएँ रंगमंच में महिलाओं की सजीव उपस्थिति तथा उनकी सृजनात्मकता, मौलिकता एवं कला-संस्कार के स्पष्ट प्रमाण हैं।

महिला रंगाभिव्यक्ति की लोक धारा

विशिष्ट जनपदीय विश्वास, धर्म, संस्कृति तथा सामूहिक जीवन की संवेदनाओं, भावनाओं एवं रूढ़ियों-परम्पराओं की सहज व स्वाभाविक अभिव्यक्ति को सामान्यत: लोक रंगमंच कहा जाता है। वरिष्ठ नाट्यालोचक डॉ.जयदेव तनेजा के शब्दों में "लोक रंगमंच एक नैसर्गिक धारा है जो किसी शास्त्र या नियमों से आबद्ध न होकर, जनसाधारण के जीवन की सहज एवं सृजनात्मक अभिव्यक्ति

का सम्पूर्ण द्योतक होता है। लोक रंगमंच के रंग-रूप और आस्वाद का प्रत्यक्ष सम्बन्ध भौगोलिक स्थिति और प्रत्येक क्षेत्र में प्रचलित कथा-प्रसंगों, संस्कारों-व्यवहारों, रुचियों और नृत्त, नृत्य, गीत तथा संगीत के विविध रूपों से होता है। आभिजात्य सौन्दर्य-बोधयुक्त नाट्यधर्मी नाटकों के नाट्य-प्रणेता भरतमुनि ने भी नाट्य की मूल प्रेरणा और उसकी प्रामाणिकता की अन्तिम कसौटी लोक-जीवन, लोक-मानस और लोक-धर्म को स्वीकार करके 'लोक' के ही बुनियादी महत्त्व को रेखांकित किया है। वस्तुत: लोक रंगमंच सामान्य जन द्वारा, सामान्य जन के लिए अभिनय-नृत्य के माध्यम से प्रस्तुत सामान्य जीवन की सहज, स्वाभाविक, अनौपचारिक, नृत्य, गीत और संगीतमय जीवन एवं लोकरंजक अभिव्यक्ति का नाम है।"[2] भारत के विभिन्न प्रदेशों में ऐसे अनेक महिला लोक नृत्य तथा महिला लोक नाट्य प्रचलित हैं जो उत्सवों-त्योहारों में मनोरंजन के रूप में एवं धार्मिक कार्य कलापों में अनुष्ठानों के रूप में प्रस्तुत किए जाते हैं। इनमें से कुछ प्रमुख नृत्य-रूपों तथा नाट्य-रूपों का परिचय देते हुए उन पर विचार किया जाएगा।

महिला लोक नृत्य

"रंगमंच की पहली कलात्मक विधा"[3] माने जानेवाला नृत्य तो हमारे लोक-समाज के सामूहिक जीवन का आवश्यक अंग है। किसान भरी फसल के समय में नृत्य करते हैं, शिकारी अच्छा शिकार पाकर भी नृत्य करते हैं तथा मछुआरे भरपूर जाल देखकर। प्राचीन काल में नृत्य धर्मानुष्ठान का भी एक रूप था। अभिनय, भावभंगिमाओं, पाद-नृत्त तथा ताल-लय के माध्यम से की जानेवाली आराधना के रूप में नृत्य का प्रचलन रहा था। भारतीय संस्कृति सदैव से नृत्य कला की पोषक रही है तथा अतिप्राचीन काल से ही यहाँ नृत्यों के प्रस्तुतीकरण एवं आस्वादन दोनों ही में महिलाओं की सजीव उपस्थिति रही है। भारत के प्रत्येक प्रदेश में अपनी-अपनी अलग शैलियों में प्रचलित ऐसे अनेक महिला लोक नृत्यों के चमत्कार से सम्पन्न धारा शताब्दियों से प्रवाहित होकर विकसित हुई है जो सामान्य वर्ग की महिलाओं के सामूहिक, सांस्कृतिक एवं धार्मिक जीवन से पर्याप्त मात्रा में सम्बद्ध है।

काश्मीर में प्रचलित लोक-नृत्यों में हफीज़ा तथा राउफ काफी लोकप्रिय है, जिसका प्रस्तुतीकरण मात्र स्त्रियों द्वारा होता है। ब्याह-शादियों में स्त्रियाँ सूफियाना गीत गाती हुई हफीज़ा नृत्य करती हैं। जिसमें वे हल्का-हल्का मुड़ती

और झूमती हैं। राउफ भी एक ऐसा नृत्य है जो निकाहों, मेलों और धान की कटाई के समय प्रस्तुत किया जाता है। स्त्रियाँ गहरे रंग के भारी फिरन पहनती है और कानों में चाँदी के बाले और मुकरियाँ। वे एक दुसरे के गले में बांह डालकर दो पंक्तियाँ बना लेती है और नृत्य करती हैं। हिमाचल प्रदेश के गाँवों में प्रचलित नृत्य है वाकायंङ्, जोमे तथा घुरैही, जिनका प्रदर्शन मात्र स्त्रियों के द्वारा होता है। वाकायंङ् शब्द में 'वा' का अर्थ है दो। अतः इस नृत्य में महिलाएँ दो पंक्तियों में खड़ी होकर अलग-अलग रूप से नाचती हैं। एक पंक्ति की स्त्रियाँ नृत्य करती हुई आगे बढ़ती है तो दूसरी पंक्ति की स्त्रियाँ पीछे हटती हैं। इसमें गीत तथा लोक-वाद्यों का प्रयोग भी होता है। इसमें मन्द गति का गीत चलता है और उसी मन्द गति से यह नृत्य किया जाता है। जोमा एक ऐसा नृत्य है जिसमें स्त्रियाँ घेरा बनाकर नाचती हैं। लोक वाद्यों की लय के साथ एक दूसरे का हाथ थामे नृत्य करती हैं। घुरैही में महिलाएँ गोल दायरा बनाकर नृत्य करती हैं। दो तीन स्त्रियाँ घुरैही गीत गाती हैं शेष उसे दोहराती हैं। ये गीत धार्मिक, प्रेम विरह से सम्बन्धित होते हैं। मेलों तथा त्योहारों के अवसर पर किया जानेवाला सबसे लोकप्रिय नृत्य है नाटी। यह कुल्लू, सिरमौर, शिमला इत्यादि प्रदेशों में प्रचलित है। इसका आरम्भ धीमी गति से होता है और बाद में यह द्रुत गति से बढ़ता जाता है। इस नृत्य में ढोलक, करताल, रणसिन्धा, बाँसुरी, शहनाई एवं नगाड़े का प्रयोग होता है। इस नृत्य में महिलाएँ घर-आँगन में लिपाई कर नर्तन करती हुई खुशी का इजहार करती हैं।

अवध प्रदेश में तल्लुकेदारों, ज़मीन्दारों एवं रईसों के यहाँ विभिन्न अवसरों पर वेश्याओं के द्वारा नृत्य करने की प्रथा देखने को मिलती है। "पुत्र-जन्म, विवाह व अन्य सामाजिक अवसरों पर पतुरियों का नृत्य जिन्हें बेडिन या कसबिन कहते है, विशेष रूप से प्रचलित है। नटों की भान्ति इन पतुरियों की भी एक जाति होती है। इनके परिवार की विवाहित कन्या कुलवधुओं के समान ही पर्दे में रहती है किन्तु जो नाचने का पेशा अपना लेती हैं, वह विवाह नहीं करती। आय के साधन के रूप में बहुधा नृत्य का व्यवसाय अपना लेती है वे विवाह तो नहीं करती किन्तु इस प्रयास में रहती हैं कि किसी एक व्यक्ति द्वारा वह सदा के लिए अपना ली जाए। इस क्रिया के बदले वह पर्याप्त राशि प्राप्त करती हैं और जगह-जगह इच्छानुसार घूमकर नाचने की स्वतन्त्रता सम्बन्धित व्यक्ति के हाथों में समर्पित कर देती है।"[4] छत्तीसगढ़ के स्त्री लोक नृत्यों में प्रमुख है सुवना, जो मुख्य रूप से गोर और डिंडवा जाति की स्त्रियों के बीच प्रचलित है। यह सामूहिक रूप से किया जानेवाला एक विशेष अनुष्ठान से सम्बद्ध है।

इसका प्रारम्भ दिवाली के दिन से होता है तथा समाप्ति अगहन की पूर्णिमा के बाद। इस नृत्य के लिए किसी वाद्ययन्त्र की ज़रुरत नहीं होती है। ताली, चूड़ी की खन-खनाहट, टेढ़े पैरी की झुनकी ही वाद्य-ध्वनि के रूप में प्रयुक्त होती है। इसमें एक लड़की जो सुग्गी रखती है जो कि शंकर-पार्वती का प्रतीक होती है।

मध्य प्रदेश के भारिया जनजाति की महिलाओं के बीच प्रचलित मशहूर नृत्य है सौतम। विवाह के अवसर पर रात भर यह नृत्य होता रहता है। ढ़ोलक की गति पर सौतम नृत्य का प्रारम्भ होता है। ढ़ोलक वादन के बन्द होने पर एक महिला दो पंक्ति का गीत गाती है और बाकी सभी महिलाएँ उसे दुहराती हैं और वाद्यों के साथ नृत्य करती हैं। राजस्थान के लोक-नृत्यों में अत्यन्त प्रचलित एवं लोकप्रिय नृत्य है घूमर, जिसमें केवल स्त्रियाँ ही भाग लेती हैं। घूमर का प्रारम्भ भील कबीले के लोगों ने किया था, पश्चात् अन्य समुदायों ने भी इसे अपनाया। घूमर नृत्य में महिलाएँ गोल गोल घूमकर नाचती हैं। घूमने के कारण ही इस नृत्य को घूमर नाम मिला है। राजस्थानी महिलाओं के घूमने के साथ-साथ उनके द्वारा पहनी हुई रंग-बिरंगी घाघराओं भी हवा में घूमता है। नृत्य करनेवाली इन महिलाओं का चेहरा दुपट्टे से ढंका होता है। यह नृत्य तीज़-त्योहारों जैसी होली, दुर्गापूजा, नवरात्रि में देवी-पूजा के अवसर पर आयोजित होता है।

गुजरात का सबसे प्रसिद्ध नृत्य है गरबा। इसमें सौ-सौ स्त्रियाँ एक साथ नाचती हैं। इसकी प्रस्तुति देवी अम्बा की स्तुति में प्रतिवर्ष नवरात्रि के शुभावसर पर होती है। परम्परा के अनुसार नवरात्रि के नौ दिनों तक इस नृत्य की प्रस्तुति होती है। "गरबा का अर्थ है गड़वा या पूजा की मटकी। स्त्रियाँ घेरा बाँधकर झोल लेती, मुड़ती, हथेलियों से ताल देती और चुटकियाँ बजाती हैं। जब उनके सिर पर मटकी होती है तो वे तेज़ी से झुलकाती नहीं और न ही तालियाँ बजाती हैं, बल्कि सहेज-सहेजकर पग धरती हैं और तनिक-तनिक बाँक देती हैं। साथ-साथ माँ अम्बा की स्तुति गीत भी गाई जाती है।" गरबा नृत्य करनेवालों की पारम्परिक वस्त्र लाल, गुलाबी, पीला, नारंगी इत्यादि रंगों की होती है। इसके साथ-साथ भारी हार, मोटे-मोटे कड़े, करधनी, पायल, लम्बे-लम्बे झुमके इत्यादि पारम्परिक गहने भी स्त्रियाँ पहनती हैं।

पंजाब में प्रचलित गिद्धा स्त्रियों का नृत्य है। सावन में तीज़ों के त्योहार पर बाहर पीपल और वट के वृक्षों के नीचे गिद्धा का आयोजन होता है। विवाहिताएँ और कन्याएँ दोनों गिद्धा नृत्य में भाग लेती हैं। स्त्रियाँ घेरा बाँधकर गिद्धा नृत्य करती हैं। "बीच-बीच में दो नव यौवनाएँ एक-दूसरे के हाथों पर लटकी हुई घूम-घूमकर किकली नाचती है। एक लड़की बूढ़े दुल्हे का स्वाँग भरती है

तो उसकी जोड़ीदारी युवा पत्नी का। एक लड़की सास बनती है तो उसकी हमजोली सुघड़ बहू। एक थानेदार तो उसकी साथिन चोर। एक बनिया लाला तो दूसरी तेलिन। खूब हँसी-मज़ाक और नोकझोंक होती है। वे पास से गुज़रते हुए राही को भी छेड़ने से नहीं झिझकतीं और तुरन्त बोली बना लेती हैं। वे हँसनी, खिलखिलाती और छलक-छलक पड़ती हैं। गिद्धा में कविता, गीत, नाटकीय हाव-भाव और जगमगाता हुआ उत्साह और नृत्य है।"[5] केरल का सबसे लोकप्रिय सामूहिक महिला नृत्य है तिरुवतिरकलि। इसका प्रस्तुतीकरण तिरुवतीरा नामक आनुष्ठानिक त्योहार के अवसर पर होता है। यह त्योहार धनु के महीने में तिरुवतिरा के दिन पर मनाया जाता है। गिद्धा के समान इसमें भी विवाहिताएँ और कन्याएँ दोनों भाग लेती हैं। अविवाहित कन्याएँ अच्छे पति को पाने के लिए तथा विवाहिताएँ अपने पति के लम्बे उम्र के लिए भगवान शिव और देवी पार्वती से प्रार्थना करती हुई इस त्योहार के अनुष्ठान में भाग लेती है। वृत्ताकार में खड़े होकर गीत गाते और तालियाँ बजाते हुए महिलाएँ तिरुवतिरकली की प्रस्तुति करती हैं।

उत्तर प्रदेश की व्रज भूमि की स्त्रियों के द्वारा किया जानेवाला उल्लास और उमंग से भरा नृत्य है चारकुला। इसमें घुंघर पटनी हुई स्त्रियाँ अपने सिर पर चिराग लेकर रास गीत गाती हुई नृत्य करती हैं। इस नृत्य की प्रस्तुति होली के तीसरे दिन होती है, जिस दिन राधा ने जन्म लिया था। इसके साथ-साथ अन्य त्योहारों के अवसर पर भी इसका प्रस्तुतीकरण होता है। पश्चिम बंगाल के महिला लोक नृत्यों में है ब्रिता नृत्य। इसे वृता नृत्य भी कहा जाता है। यह मुख्य रूप से बंगाल की महिलाओं द्वारा सन्तान लब्धि हेतु किया जानेवाला एक धार्मिक आनुष्ठानिक नृत्य है। इसका प्रस्तुतीकरण भगवान की स्तुति गीतों का गायन करते हुए सामूहिक रूप से किया जाता है। ओड़ीसा के साम्बलपुर में प्रचलित महिला नृत्य रूप है दालकी नृत्य। इसका प्रस्तुतीकरण सामान्यत: ऋतु पर्व में होता है। यह एक ऐसा ओजस्वी नृत्य है जो विभिन्न किस्म के वाद्यों के साथ प्रस्तुत होता है। आन्ध्र प्रदेश का प्रसिद्ध नृत्य है बाथुकम्मा। इसका प्रस्तुतीकरण मात्र स्त्रियों के द्वारा होता है। इस नृत्य का सम्बन्ध नवरात्रि के समय मनाया जानेवाला बाथुकम्मा नामक त्योहार से है। महिलाएँ पारम्परिक वेश भूषा पहनकर सामूहिक रूप से इस नृत्य की प्रस्तुति करती है। गोआ का लोकप्रिय लोकनृत्य, ढालो, स्त्रियों का नृत्य है। वर्षा की समाप्ति और शरद के आरम्भ में रंग-बिरंगे वस्त्र पहनकर स्त्रियाँ मन्दिर में जाती है और फल और फूल चढ़ाती है। इस नृत्य में औरतें दो कतारों में आमने-सामने खड़ी होती हैं

और एक दूसरे की कमर में हाथ डाल कर नाचती हैं। नृत्य की लय बढ़ती जाती है और स्त्रियाँ तालियाँ बजाकर मूर्ति की परिक्रमा करती हैं।

चूँकि लोक-रंगमंच एवं इसके सभी प्रदर्शनकारी रूप सामुदायिक जीवन पर आधारित होते हैं, इसलिए पूर्व सूचित लोक-नृत्य भी अनिवार्यतः सामूहिक रूप से किए जाते हैं। इन लोक-नृत्यों की उत्पत्ति लोक-समाज के सामूहिक अनुभवों से हुई है। जन्म से लेकर मृत्यु तक के सभी सामाजिक अवसरों पर नृत्य का आयोजन लोक-समुदायों के बीच होता है। उदाहरण के लिए ऋतु परिवर्तन, धार्मिक त्योहार, विवाह आदि के अवसर। विशेष अवसरों के अलावा दिन भर के कठिन परिश्रम के बाद सन्ध्या को मनोरंजन के रूप में भी नृत्य आयोजित किए जाते है। ये नृत्य गीतों तथा वाद्यों की लय-ताल के साथ चलते हैं और इनमें शरीर झूमते हैं और पैर थिरकते हैं। स्त्रियों के द्वारा प्रस्तुत किए जानेवाले ये लोक-नृत्य सरल, सर्वगम्य और सर्व सुलभ हैं। ये नृत्य किसी के द्वारा सिखाए नहीं जाते, उन्हें समझने तथा सुधारने के लिए किसी विशेष प्रशिक्षण की आवश्यकता भी नहीं होती है। पुराने संस्कारों तथा अनुकूल वातावरण के कारण ही ये लोक-नृत्य बचपन से ही बालिकाएँ सीख जाती हैं। ये प्रत्येक समुदाय की स्त्रियों के श्रम, धार्मिक अनुष्ठान, सामाजिक एवं धार्मिक जीवन उनकी हँसी-खुशी और हास-विलास के साथ जुड़े हुए होते हैं। स्त्रियाँ अपने दैनिक घरेलू काम-काज की ही भान्ति अपने विश्राम में भी उसी सृजनात्मक क्रिया शक्ति का प्रयोग करती है। मिट्टी के बर्तन बनाने, टोकरियाँ बुनने, दीवारों की चित्रकारी में उनकी सृजनात्मक कार्यक्षमता की जो चेतना उपलब्ध होती है, वहीं नाचते हुए शरीर, भुजाओं और पैरों में दीख पड़ती है। इस प्रकार हम देख सकते हैं कि प्राचीन काल से लेकर वर्तमान समय तक परम्परा के रूप में पीढ़ी-दर-पीढ़ी चली आनेवाली ये महिला लोक नृत्य भारतीय रंग कलाओं के क्षेत्र में महिलाओं की सजीव उपस्थिति के तथा उनकी सृजनात्मकता, मौलिकता एवं कला-संस्कार के स्पष्ट प्रमाण हैं।

महिला लोक नाट्य

भारत के प्रदर्शनकारी लोक कलाओं में नाट्य-रूपों का सर्वाधिक महत्त्व है। लोक नाट्य लोक समाज की संकल्पनाओं एवं लोक मानस की संवेदनाओं की ऐसी सहज स्वाभाविक अभिव्यक्ति का नाम है जो गायन, वादन, अभिनय, आंगिक विन्यास इत्यादि रंगमंचीय तत्त्वों की अनन्त सम्भावनाओं को आत्मसात

करनेवाला विशिष्ट सृजनात्मक उपक्रम है। डॉ. रामकुमार वर्मा के मत में "लोकधर्मी रूढ़ियों की अनुकरणात्मक अभिव्यक्तियों का वह नाट्यरूप जो अपने अपने क्षेत्र के लोकमानस को आह्लादित, उल्लासित और अनुप्राणित करता है लोकनाट्य कहलाता है।"[6] लोक नाट्यों की प्रदर्शन शैली में सृजनात्मकता सूत्रबद्ध रूप में या शास्त्रीय तरीके से नहीं, अपितु सहजता और स्वाभाविकता के अनुरूप होती है। जनसाधारण के जीवन के सघन अनुभवों से ही लोक नाट्य उत्पन्न होते है। भारत के विभिन्न प्रदेशों में महिलाओं द्वारा प्रस्तुत एवं पीढ़ियों से पीढ़ियों तक हस्तान्तरित ऐसे अनेक लोक नाट्य मौजूद हैं जो लोक समाज की महिलाओं के जीवन का प्रतिनिधित्व करनेवाले हैं। उनमें से कुछ प्रमुख नाट्य रूपों के स्वरूप, स्वभाव एवं विशेषताओं का परिचय आगे दिया जाएगा।

राजस्थान के विभिन्न क्षेत्रों में ब्याह-शादियों के अवसरों पर जो प्रहसन महिलाओं द्वारा प्रदर्शित किए जाते हैं उनमें प्रमुख है टूँटिया-टूँटकी। विवाह समारोहों के अवसर पर दूल्हे की बारात जब दुल्हन के घर चली जाती है, तब वरपक्ष की महिलाओं द्वारा वर-वधू की नक़ल के रूप में जो नाट्य प्रदर्शित किया जाता है उसे टूँटिया-टूँटकी कहते हैं। इसमें एक औरत वर तथा दूसरी वधू बनती है तथा इनका नकली विवाह कराया जाता है। इसका उद्देश्य असली वर-वधू को आधि-व्याधि से मुक्त करने का रहता है। "टूँटिए का जुलूस सदर बाज़ार से गुज़रता हुआ किसी सम्बन्धी के वहाँ ले जाए जाता है, जहाँ वधू की खोल भरने की रस्म पूरी की जाती है। इसमें औरतें ही ढ़ोल की जगह फूटा कनस्तर तथा बांकिए की जगह भूँगली बजाती हैं। आते समय भैरूजी के गीत गाए जाते हैं। घर आने पर वर को पूँखने की रस्म पूरी की जाती है और लाड़ी यों घर यो बर भांगजे जैसे गीत गाकर वधू को घर की मालकिन के रूप में देखा जाता है।"[7] इसमें कई गीत गाए जाते हैं। इसकी विषयवस्तु पुत्री-विवाह से सम्बन्धित होती है।

खोडिया हरियाणा में प्रचलित एक ऐसा महिला लोक नाट्य है जो महिलाओं को अपने यौवन की अल्हड़ भावनाओं को बेधड़क होकर अभिनय, नृत्य और अश्लील संवादों के द्वारा अभिव्यक्त कर अपने मन की कुंठाओं को निकालने का अवसर प्रदान करता है। यह महिला लोकनाट्य शादी के अवसर पर औरतों द्वारा वर पक्ष के घर बारात जाने के बाद रात को खेला जाता है। महिलाएँ पूरी रात जागकर खोडिया नाट्य की प्रस्तुति करती हैं। घर और पूरे मोहल्ले के पुरुषों के बारात में चले जाने के कारण औरतें बेधड़क होकर पूरी

रात धूम-धाम से नाचती और गाती हुई खोड़िया की प्रस्तुति करती है। खोडिया की सबसे बड़ी विशेषता यह है कि इसमें प्रदर्शक और दर्शक महिलाएँ ही होती हैं। सारे गाँव की महिलाएँ दूल्हे के घर में इकठे होकर इस नाटक की प्रस्तुति करती हैं। इसमें स्त्रियाँ कुछ भी कहने और करने के लिए स्वतन्त्र होती हैं। लगभग रात के नौ-दस बजे के आसपास इस नाट्य प्रदर्शन का आरम्भ होता है और इसका श्रीगणेश देवी-देवताओं की स्तुति से होता है। उसके बाद शुरू होता है मनोरंजन का खजाना। दूल्हे की वह बहन जो दूल्हे की आरती करती है, अपने दूल्हे भाई के तेल-बानेवाले कपड़े पहनकर दूल्हा बनती है और दूल्हे की भाभी दुलहन बनती है। खोडिया रूपी नाट्य में वहीं सब क्रियाओं का अभिनय होता है जो वधू पक्ष के घर होता है। कुल मिलाकर वर पक्ष के घर महिलाओं द्वारा छद्म विवाह का अभिनय बड़ी कुशलतापूर्वक किया जाता है। खोडिया में महिलाएँ नकली विवाह के साथ-साथ मनिहारा का नाटक और अन्य स्वाँग भी निकालती हैं। जेसी बावली, शिवजी-पार्वती, बंजारण, फौजण आदि का स्वाँग निकालकर खोडिया को और भी रंगीन बना देती हैं। अन्त में औरतें बारात के सकुशल लौटने के लिए मंगल कामनाएँ करती हैं।

डोमकच स्त्रियों द्वारा विवाह के अवसर पर किया जानेवाला नाट्य रूप है। खोडिया के समान जब लड़के की बारात जाती है, उस रात घर की और पास-पड़ोस की स्त्रियाँ एकत्र होकर इसका प्रदर्शन करती है। उद्देश्य होता है रतजगा कर घर की रखवाली करने का। साथ में मनोरंजन भी हो जाए तो क्या हर्ज। डोमकच में एक आनुष्ठानिक विधान भी होता है। महिलाएँ कपड़े या चारपाई के पाँव का जलुआ(लड़का) बनाती है। जलुआ के जन्म से लेकर विवाह तक का स्वांग प्रस्तुत किया जाता है। विभिन्न संस्कारों के गीत गाए जाते है। लोक विश्वास है कि यदि जलुआ सुन्दर होगा तो दुल्हन भी सुन्दरी मिलेगी। जलुआ की शादी के बाद छोटे छोटे कई स्वांग प्रस्तुत किए जाते है। एक प्रहसन होता है 'लुखबा का जन्म'। इसमें एक स्त्री द्वारा आसन्न प्रसवा का अभिनय किया जाता है। स्त्री प्रसव पीड़ा से कराहती है। वैद्य बुलाए जाते है। वैद्य की भूमिका में पुरुष भेष में एक स्त्री उपस्थित होती है। वैद्य जी आसन्न प्रसवा औरत की नाड़ी-परीक्षा करते समय उनके साथ छेड़-छाड़ करते है। इसपर दारोगा बुलाए जाते है। दारोगा जी वैद्य जी को खदेड़ स्वयं आसन्न-प्रसवा स्त्री के पीछे पड़ जाते है। ज़ोरदार हँसी-ठहाके के साथ कई घंटों तक प्रहसन चलता है। बीच-बीच में नृत्य और गीत प्रदर्शन को सरस बनाता है। नृत्य संयोजित और संरचनाबद्ध नहीं होता है। वाद्यों में सिर्फ ढोलक होता है, जिसे कोई महिला बजा

लेती है। नाटकीयप्राय विधाओं में डोमकच में नाटक के कई महत्वपूर्ण तत्त्व विद्यमान हैं, जैसे अभिनय, संवाद, गीत तथा नृत्य आदि।

सामा-चकेवा मिथिला के एक विशेष लोक-त्योहार के अवसर पर प्रस्तुत करनेवाला महिला लोक नाट्य है। सामा बहन है और चकेवा भाई। भाई-बहन के उदात्त स्नेह का प्रतीक यह त्योहार कार्तिक महीने के शुक्ल पक्ष की समाप्ति को आरम्भ होकर कार्तिक के पूर्णमासी को समाप्त होता है। छठ पूजा की समाप्ति के बाद बहनें खेतों से चिकनी मिट्टी लाती है। मिट्टी से विभिन्न आकृतियों की मूर्तियाँ बनाई जाती हैं। इन मूर्तियों को सामा, चकेवा, टिहुली, चुगला, सतभइया, भरिया, खडरिच, मिठाईवाली, खंजन चिड़िया, भमरा, बनतीसर, झांसी कुत्ता, ढोलकिया, वृन्दावन आदि नाम दिया जाता है। मूर्ति बनाने से लेकर विसर्जन तक, सामा के जन्म से विदाई तक की घटना से जुड़ी कई गीत गाई जाती है। रात्रि-भोजन के बाद महिलाएँ घर के आँगन में एकत्र होती हैं और सामा-चकेवा की प्रस्तुति करती हैं। इसकी विषय-वस्तु सामा के ससुराल जाने के प्रसंग, चुगलखोरी की भर्त्सना, भौजाई द्वारा ननद की अवहेलना तथा भाई का बहन के प्रति समर्पित स्नेह आदि से सम्बन्धित होती है। कार्तिक पूर्णिमा की अर्द्धरात्रि को महिलाएँ गीत गाती हुई नदी में जाती हैं और सामा का विसर्जन करती हैं। विसर्जन के समय बहन और भाई का कुछ आनुष्ठानिक विधान होता है। वृन्दावन में आग लगाई जाती है। उपस्थित भाई आग बुझाता है।

झिझिया उत्तर भारत में प्रचलित एक आनुष्ठानिक नृत्य-नाट्य है जिसका प्रस्तुतीकरण मात्र स्त्रियों के द्वारा होता है। झिझिया अनुष्ठान का मिथक डायन जोगिन के तन्त्र साधना सम्बन्धी विश्वासों से सम्बन्धित है। लोक विश्वास के अनुसार डायन-जोगिन वह स्त्री है जो तन्त्र विद्या सीखती है। नवरात्र के समय में वह साधना की दीक्षा लेती है। उस समय डायन-जोगिन रात्रि के समय गाँव से बाहर नग्न नृत्य करती है। ऐसा विश्वास है कि वह अपने इष्टदेव की सन्तुष्टि के लिए शिशुओं की बलि तक देती है। इस स्त्री के तन्त्र साधना को निष्फल करने के लिए गाँव की महिलाएँ झिझिया का आयोजन करती है। शारदीय नवरात्र की रात्रि में द्वितीय प्रहर को महिलाएँ, दीपयुक्त घड़ों को सिर पर रखकर ब्रह्मस्थान पहुँचती है। वहाँ पहुँचकर वे गीत गाती हुई नृत्य करती है। दूसरी रात उसी घड़े को लेकर झिझिया के लिए निकल पड़ती है। इस तरह नौ दिन डायन-जोगिन की कुदृष्टि से बचने के लिए झिझिया का दस आनुष्ठानिक कार्यव्यापार होता है। नवरात्रि के दसवें दिन दशमी पूजा के बाद अगले वर्ष

तक के लिए इसका समापन हो जाता है। झिझिया में कोई स्वाँग प्रस्तुत नहीं होते, फिर भी गीत, नृत्य, संवाद, अभिनय आदि के कारण इसे नाट्यरूप की कोटि में रखा जा सकता है।

जट-जटिन उत्तर बिहार का महिला नाट्य-रूप है। इसमें अभिनय, गायन, नृत्य आदि सब महिलाओं के द्वारा ही होता है। प्रदर्शकों के साथ-साथ दर्शक भी इसमें महिलाएँ ही होती हैं। "इसका आयोजन सावन-भादों की शुक्ल रात्रि में बड़ा मनोहारी लगता है। मँगनी, विवाह, गौना, श्वसुर, सखी, सहेलियाँ, भाई, भौजाई, ननद आदि पात्रों की अवतारण ने जट-जटिन को एक सुन्दरतम पारिवारिक धरातल प्रदान किया है। दाम्पत्य जीवन के मार्मिक प्रसंग सहज ही हृदय को छूनेवाले होते हैं। सहगान एवं नृत्य सहित संवाद-गीतों द्वारा उत्सव के उल्लास के लिए उद्दीपन जुटाया जाता है, उत्सव की लालसा और मृत्यु के भय के शाश्वत संयोग का मार्मिक उल्लेख होता है, दाम्पत्य और पारिवारिक जीवन के प्रमुख पात्र-पात्रियों का हल्का-सा परिचय होता है तथा उत्सव में भाग लेने के लिए सहेलियों को उलाहनापूर्ण आमन्त्रण दिया जाता है।"[8] महिला रंगाभिव्यक्ति की यह विशिष्ट शैली अपने में अनोखी है।

रली हिमाचल प्रदेश की महिलाओं द्वारा चैत्रमास में किया जानेवाला अनुष्ठानपरक नाट्य रूप है। रली में अविवाहित कन्याओं तथा स्त्रियों द्वारा मिट्टी के शिव-पार्वती बनाए तथा पूजे जाते है। रली पूजन की समाप्ति से एक सप्ताह पूर्व मनोरंजक नाट्य की प्रस्तुति की जाती है। लड़कियों में से एक वर और दूसरी वधू के रूप में अभिनय करती है। "रली की गीतात्मकता में प्रश्नोत्तर एवं अभिनय पर्याप्त मात्रा में मिलता है। चैत्र माह के अन्तिम चार दिनों से रली-शंकर के विवाह की तैयारियाँ शुरू हो जाती है। लड़कियाँ दो दलों में रली पक्ष और शंकर पक्ष-बटकर विवाह के गीत गाती है तथा अभिनय करती है। अड़ोस-पड़ोस, नाते-रिश्ते को विवाह में शामिल होने का न्यौता दिया जाता है। खुले आँगन में वैदिक अनुष्ठानों के साथ रली-शंकर का विवाह कराया जाता है। विवाह के दूसरे दिन विदाई की रस्म अदा की जाती है। दो डालों में अलग-अलग रली और शंकर की मूर्तियों को आसीन करके, चढ़ावे की सारी सामग्री को दहेज़ के रूप में रख दिया जाता है। सबसे आगे ढ़ोल, नगाड़ा, शहनाई, करताल बजाते हुए बाजगी चलते हैं और फिर कहारों के कन्धों पर डोलों में आसानी वर-वधू उसके बाद पूजा करनेवाली कन्याओं-स्त्रियों का दल और सबसे अन्त में बाराती जुलूस बनाकर नदी की ओर चल पड़ते हैं। नदी तट पर स्त्रियाँ डालों से मूर्तियाँ निकालकर पुरुषों को जल में प्रवाहित करने के लिए

दे देती है। इसके साथ ही रली-शंकर विवाह नाटक पूरा हो जाता है।"[9] अपने वैवाहिक जीवन की स्वस्थता और मन चाहे पति की आकांक्षा के हेतु स्त्रियाँ इस नाट्य को प्रस्तुत करती है।

कुरवंजी एक ऐसी नाट्य सम्पदा है जो मद्रास के उत्तर नेल्लूर जिले से ओड़ीसा की दक्षिण सीमा तक फैले हुए हैं। प्राचीन काल में द्राविड नाटकों को कुरवंजु कहा जाता था। कुरवंजु 'कुरव' और अंजु दोनों शब्दों से मिलकर बना है। 'कुरव' अथवा 'दक्षिण भारत की एक पहाड़ी जाति है और 'अंजु' का अर्थ है नृत्य अर्थात् कुरवंजी कुरव जाति का नृत्य है। इसमें पुरुष पात्र शामिल नहीं होते हैं। लगभग छः-सात स्त्रियाँ मिलकर इसका प्रदर्शन करती हैं। इसका प्रस्तुतीकरण मन्दिर के खुला प्रांगण या प्रेक्षकों के बीच में खुले स्थान पर होता है। "परम्परागत रूप से 'कत्तियकार' नाट्य की उद्घोषणा करता है। उद्घोषणा के पूर्व गणेश की वन्दना की जाती है तत्पश्चात नायिका अपनी सखियों के साथ प्रवेश करती है। वह विरहाकुल होती है। 'कुरत्ति' नामक एक कुरव स्त्री आकर उसकी हस्तरेखा देखती है और उसे विश्वास दिलाती है कि उसे नायक की उपलब्धि अवश्य होगी। इसमें नायक कभी मंच पर नहीं आता। केवल गीतों एवं सखियों और कुरवंजी के बीच नायिका के संवादों द्वारा उसका परिचय दिया जाता है।"[10] इसमें हास्य रस का भी समावेश पाया जा सकता है।

उपर्युक्त महिला नाट्य रूप अपनी अन्तर्वस्तु एवं रूप संरचना दोनों स्तरों पर लोक समाज की महिलाओं के दैनन्दिन जीवन, रीति-रिवाज़, आचार-विचार, धार्मिक विश्वास तथा रूढ़ियों-परम्पराओं से सूक्ष्म रूप से संसक्त है। इन नाट्य रूपों की सम्पूर्ण संरचना पर दृष्टि डालने से दो बातें स्पष्ट हो जाती हैं। एक ओर इनमें सामाजिक व्यवस्था द्वारा निर्धारित सांस्कृतिक-नैतिक-पारिवारिक मूल्यों एवं रूढ़ियों-परम्पराओं को जीवित रखने तथा पीढ़ी दर पीढ़ी हस्तान्तरित करने का कार्य मौजूद है तो दूसरी ओर उसी सामाजिक व्यवस्था के बन्धन में तड़पनेवाली महिलाओं की दुरावस्था, अस्वातन्त्र्य, स्त्री विरोधी नैतिक मूल्यों तथा कुरीतियों के प्रति महिलाओं के अन्तर्मन में परिव्याप्त सहज विद्रोह का सूक्ष्म विन्यास भी पाया जा सकता है। विवाहोत्सवों पर आयोजित महिला नाट्य रूपों में सगाई, बधाई, बारात, विदाई आदि वैवाहिक प्रथाओं का अभिनय किया जाता है। उसके साथ-साथ सामाजिक कुरीतियाँ, दाम्पत्य जीवन के मार्मिक प्रसंग, पति के घर में वधु द्वारा झेले जानेवाले संघर्ष आदि की सृजनात्मक अभिव्यक्ति देखी जा सकती है। प्रायः महिला लोक नाट्य ऐसे 'स्पेस' में प्रदर्शित होते हैं जो बिलकुल स्त्रियों के अपने निजी स्पेस होते

हैं। इनमें प्रदर्शक एवं प्रेक्षक दोनों स्त्रियाँ ही होती हैं। इसलिए इन नाट्य रूपों के प्रदर्शन के समय स्त्रियाँ कुछ भी कहने और करने के लिए पूर्ण रूप से स्वतन्त्र होती हैं। अपने मन की दबी हुई कामुक भावनाओं तथा कुंठाओं को वे बेधड़क कह सकती हैं और साथ ही अपने जीवन संघर्ष तथा अपने ही समाज की रूढ़ियों तथा कुरीतियों के प्रति आलोचना एवं विद्रोह व्यंग्यात्मक ढंग से अभिव्यक्त भी करती हैं। विभिन्न प्रकार की रूढ़ियों के बन्धन से ग्रस्त स्त्रियों के लिए घर के बाहर जाना, रात के समय नाचना-गाना, ऊंची आवाज़ में बोलना आदि में कई प्रकार के प्रतिबन्ध होते थे। ऐसी अवस्था में स्त्रियों के लिए नाट्य प्रस्तुतियों का यह निजी खुला 'स्पेस' तथा रात का काल जो उनके लिए प्रतिबन्धित है, ऐसी सम्भावनाएँ प्रदान करती हैं, जहाँ वे अपने आपको निस्संकोच प्रकट कर सकती हैं। इस प्रकार प्रतिबन्धित स्थल एवं काल अपने आप में प्रतिरोध का सूक्ष्म माध्यम बन जाता है। शारीरिक अंगों की मुक्त गतिशीलता इन महिला नाट्य रूपों की अपनी विशेषता है। स्त्रियाँ बिना संकोच, सहज स्वाभाविक शैली में अपने देह को नाट्य में प्रयुक्त करती हैं। प्रस्तुतीकरण के समय में प्रेक्षक तथा प्रदर्शक दोनों के बीच का अन्तर गायब हो जाता है तथा दोनों मिलकर तालियाँ बजाती हैं, गीत गाती हैं और नृत्य करती हुई सामूहिक रूप से नाट्य में शामिल हो जाती हैं।

महिला रंगाभिव्यक्ति की शास्त्रधर्मी धारा

विशिष्ट मंच व्यवस्था, विख्यात एवं सुगठित कथावस्तु, शैलीबद्ध अभिनय पद्धति, प्रशिक्षण प्राप्त अभिनेता/अभिनेत्री, शास्त्रोक्त हस्तमुद्राएँ, गति-गमन एवं संवाद शैली, निश्चित वेश-भूषा, रंग-सज्जा तथा आस्वादन के लिए सुसज्जित प्रेक्षक वर्ग आदि विशेषताओं से सम्पन्न नियमबद्ध तथा रूपाधारित प्रदर्शनकारी संरचना को सामान्यतः शास्त्रीय रंगमंच कहा जाता है। शास्त्रीय रंगमंच मूलतः नाट्यशास्त्रीय ग्रन्थों में निर्धारित नियमों पर आधारित होता है। भरतमुनि द्वारा रचित नाट्यशास्त्र एक ऐसा ग्रन्थ है जिसमें सम्पूर्ण रंगमंच की अवधारणाएँ समाहित हैं। नाट्यशास्त्र में निरूपित अभिनय कला का प्रमुख तत्त्व 'नाट्यधर्मी' अभिनय पद्धति है, वहीं शास्त्रीय रंगमंच का मूलाधार है। नाट्यधर्मी के पीछे की मूल मान्यता यह है कि जो वस्तु संसार में जैसी है, उसे हू-ब-हू मंच पर वैसा ही नहीं दिखाया जाना चाहिए। मंच पर विशिष्ट शैली के द्वारा उसका पुनर्निर्माण किया जाता है या उसकी प्रतीति उत्पन्न की जाती है। इसके लिए भरतमुनि ने

विभिन्न करणों, अंगहारों, गतियों एवं मुद्राओं तथा आंगिक, वाचिक, सात्विक एवं आहार्य अभिनय सम्प्रदायों का निरूपण किया है, जिनको स्वीकार करते हुए ही शास्त्रीय रंगमंच का रूपायन हुआ है।

जिस प्रकार पारम्परिक रंगमंच की लोक-धारा में महिला अभिव्यक्ति की जो बहुरंगी चेतना समाविष्ट है, उसी प्रकार शैलीबद्ध रंग अभिव्यक्ति की शास्त्रधर्मी परम्परा में भी स्त्रियों की सृजनात्मक क्षमता देखने को मिलती है। महिलाओं द्वारा प्रस्तुत शास्त्रीय या क्लासिकी रंगकलाओं को दो रूपों में विभाजित करके देखा जा सकता हैं।

1. महिलाओं द्वारा प्रदर्शित शास्त्रीय या क्लासिकी नृत्य रूप, जिनमें देवदासी परम्परा से विकसित तथा राज-दरबारों में स्वतन्त्र रूप से पल्लवित नृत्य-शैलियाँ (जो आज भी प्रचलित है) प्रमुख है।
2. महिलाओं द्वारा प्रदर्शित शास्त्रीय या क्लासिकी नाट्य-रूप, जो प्राचीन संस्कृत रंगमंच से सम्बद्ध है।

महिला शास्त्रीय नृत्य

महिला प्रस्तुतिपरक शास्त्रीय नृत्यों की समुज्ज्वल परम्परा सदियों से भारत में विद्यमान रही है, जिनका प्रदर्शन शैलीबद्ध ढंग से हुआ करते हैं। इनमें देवदासी नृत्य शैली से विकसित महिला नृत्य रूपों का अपना अलग स्थान है। तमिलनाडु के भरतनाट्यम् तथा ओड़ीसा के ओडीसी नृत्य को सम्पूर्ण दक्षिण भारत में प्रचलित जो दासियाट्टम् (देवदासी नृत्य) था, उससे विकसित शैली विशेष माना गया है। कुछ विद्वान केरल के मोहिनियाट्टम् को भी इसी कोटि में रखते हैं। इसके साथ-साथ उत्तर भारत का कथक, असम का सत्रिय, मणिपुर का मणिपुरी नृत्य, आन्ध्र प्रदेश का कुच्चिप्पुड़ी नृत्य आदि को भी महिला प्रस्तुत शास्त्रीय नृत्यों की कोटि में रखा जा सकता है।

भरतनाट्यम् जो सम्भवत: भारत के शास्त्रीय नृत्यों में सबसे प्राचीन और मौलिक नृत्य रूप है, हम तक देवदासियों द्वारा पहुँचा है। ऐसा माना जाता है कि वर्तमान भरतनाट्यम् आन्ध्रा से दक्षिण भारत में फैला और तंजावूर में राजाश्रित होकर पल्लवित हुआ। इसका कारण यह बताया जाता है कि इस नृत्य का अधिकांश साहित्य तेलुन्गु भाषा में है तथा 'वर्ण', 'पद', और 'शब्द' के लिए गीत भी तेलुन्गु भाषा में ही है, और तंजावूर की राजसभा में प्रसिद्ध नर्तकियाँ भी तेलुन्गु स्त्रियाँ ही थीं। कुछ भी हो किन्तु इस नाट्य कला के

विकास का श्रेय तंजावूर राजसभा के चार नट्टवन बन्धुओं को है—चिन्निया, पुन्निया, शिवानन्दम् और वडिवेलु। आधुनिक काल में ही इस नृत्य रूप को 'भरतनाट्यम्' नाम मिला , उसके पहले यह 'सदिराट्टम' नाम से जाने जाते थे। आधुनिक युग में 'सदिराट्टम' को भरतनाट्यम् के रूप में परिष्कृत करने का श्रेय श्रीमती रुकमणी देवी अरुंडेल को है। उनके साथ-साथ बालसरस्वती, पद्मा सुब्रह्मण्यम आदि प्रतिभा धनी कलाकारों के हाथों पड़कर यह नृत्य नई शैली तथा नया रूप लेकर सारे देश में फ़ैल गया। भरतनाट्यम् की प्रदर्शन शैली बिलकुल शास्त्रधर्मी है। नृत्य का प्रारम्भ स्तुति-गान से होता है। पहला नृत्य एकक है अल्लारिप्प् , जो ध्वनि अक्षरों के पठन के साथ शुद्ध नृत्य संयोजन का एक अमूर्त खंड है। अगला एकक है जतिस्वरम्, जो कर्नाटक संगीत के किसी राग के संगीतात्मक स्वरों के साथ प्रस्तुत किया जाता है।'जतिस्वरम्' का अनुसरण 'शब्दम्' नामक नृत्य रचना द्वारा किया जाता है। 'शब्दम्' के बाद नर्तकी 'वर्णम्' प्रस्तुत करती है। वर्णम् भरतनाट्यम् की एक महत्वपूर्ण रचना है जिसमें इस शास्त्रीय नृत्य-रूप के तत्त्व का सारांश और नृत्य तथा नृत्त दोनों का सम्मिश्रण होता है। यहाँ नर्तकी दो गतियों में जटिल लयात्मक नमूने प्रस्तुत करती है, जो लय के ऊपर नियन्त्रण को दर्शाते हैं और उसके बाद साहित्य की पंक्तियों को विभिन्न तरीकों से प्रदर्शित करती हैं। वर्णम् नृत्य कलाकार की अन्तहीन रचनात्मकता का प्रतिबिम्ब होता है। इसके बाद नर्तकी मनोवृत्तियों की विविधता को अभिव्यक्त करनेवाले एकक-अभिनय को प्रस्तुत करती है। भरतनाट्यम प्रस्तुतीकरण का अन्त 'तिल्लाना' के साथ होता है। अन्त में 'मंगलम्' भी होता है जो भगवान से आशीर्वचन मांगने के रूप में होता है।

ओड़ीसा में प्रचलित ओडीसी नृत्य को पुरातात्विक साक्ष्यों के आधार पर सबसे पुराना जीवित शास्त्रीय नृत्य रूपों में से एक माना जाता है, जिसे कई विद्वान् लगभग दो हज़ार वर्ष प्राचीन बताते हैं। देवदासी नृत्य शैली से विकसित ओडीसी का उल्लेख शिला लेखों में मिलता है, इसके अधिकाँश अंग भरतमुनि के नाट्यशास्त्र और बारहवीं शताब्दी के प्रसिद्ध ग्रन्थ 'अभिनय-चन्द्रिका' पर आधारित है। उड़ीसी ही एक ऐसा नृत्य है जिसमंस नाट्यशास्त्र निरूपित एक सौ आठ करणों का प्रयोग होता है। यह एक ऐसा लास्य प्रधान शास्त्रीय नृत्य है जिसमें उड़ीसा के परिवेश तथा इसके सर्वाधिक लोकप्रिय देवता भगवान जगन्नाथ की महिमा का वर्णन होता है। साथ ही यह नृत्य विशेष रूप से कृष्ण तथा राधा के दिव्य-प्रेम पर आधारित होता है जो जयदेव की गीतगोविन्द रचना से प्रेरित है। भावप्रवणता और रागात्मकता इस नृत्य की अपनी विशेषता है।

पारम्परिक रूप से ओडीसी की प्रस्तुति नृत्य नाटिका शैली में होती है। इसकी दो प्रमुख स्थितियाँ हैं—चौक और त्रिभंग। चौक मुद्रा में नर्तकी अपने शरीर को थोड़ा-सा झुकाती है और घुटने थोड़ा-सा मोड़ लेती है। दोनों हान्थों को आगे की तरफ फैला लेती है और नवरसों तथा विभिन्न मुद्राओं को नृत्य के माध्यम से प्रस्तुत करती है। त्रिभंग में पूरे शरीर को तीन भागों यानी सर, शरीर और पैर में बांटकर उस पर ध्यान केन्द्रित करते हुए नृत्य किया जाता है। इस नृत्य की मुद्राएँ और अभिव्यक्तियाँ बिलकुल शैलीबद्ध होती हैं। नृत्य का प्रारम्भ मंगलाचरण से होता है। इसमें नर्तकी पुष्प लेकर मंच पर जाती है तथा धरती माँ को पुष्प अर्पित करती है एवं इष्टदेव, गुरु और दर्शकों का अभिवादन करती है। इसके बाद का एकक है बटु नृत्य जिसमें नर्तकी द्वारा चौक और त्रिभंगी को दर्शाया जाता है। इसके पश्चात पल्लवी और थारिझाम की प्रस्तुति होती है। पल्लवी गीत की नृत्यात्मक प्रस्तुति है और थारिझाम शुद्ध नृत्त। नृत्य के समापन भाग को त्रिखंड मंजूर कहा जाता है। ओडीसी में नर्तकी विशेष तरह की वेश भूषा और आभूषाओं का धारण करती है। केश-सज्जा पर विशेष ध्यान दिया जाता है जो कि बहुत आकर्षक होती है। बड़े आकार का जुड़ा बनाया जाता है जिसको पुष्पों और आभूषणों से सजाए जाता है। माथे पर चाँदी का टीका लगाया जाता है। ओडिसी नृत्य-मंडली में आम तौर पर एक पखावज वादक, एक बांसुरी वादक, एक गायक, एक सितार या वीणा वादक, एक मंजीरा वादक और नर्तकी होते हैं।

मोहिनियाट्टम् केरल का एक लोकप्रिय शास्त्रीय नृत्य रूप है जिसका प्रदर्शन स्त्रियों के द्वारा होता है। प्राचीन समय में केरल में प्रचलित 'तेवटिच्चियाट्टम्' (देवदासी नृत्य) से विकसित मानी जानेवाली इस नृत्य शैली को 16 वीं सदी में 'मोहिनियाट्टम्' का नाम प्राप्त हुआ था। ऐसा माना जाता है कि केरल के प्रसिद्ध राजा स्वातितिरुनाल के समय में ही यह नृत्य कला नए रूप में विकसित हुई थी। उन्होंने देश के विभिन्न प्रदेशों से नृत्याँगनाओं को आमन्त्रित करके तथा उनको अपने महल में रखकर मोहिनियाट्टम् सीखने की सुविधा प्रदान की थी। साथ ही उन्होंने खुद कई ऐसे 'पदों' की रचना की जो मोहिनियाट्टम् में प्रयुक्त हुईं। स्वाति तिरुनाल के समय के पश्चात् कई सालों तक यह कला लगभग समाप्त सी हो गई थी। बाद में महाकवि वल्लत्तोल ने 'केरल कलामंडलम्' नामक कला प्रशिक्षण संस्था की स्थापना की तथा श्रीमती कल्याणी अम्मा और चिन्नम्मू अम्मा जैसी दो नर्तकियों के सहयोग से इस नृत्य का पुनरुद्धार किया। भरतमुनि के नाट्यशास्त्र में निरूपित कैशिकी शैली से इस नृत्य रूप की बहुत

समता है। मृदु अंगहारों से युक्त कैशिकी वृत्ति के अंगविक्षेप बिलकुल लास्य प्रधान होता है। इसमें नर्तकी के हाथ-पैर तथा शरीर के सभी अंग मृदु-मन्द गति से चलते हैं। इसमें "भाव के अनुकूल शारीरिक अंगों की मृदुल गति, अंग विक्षेप, उसी के अनुरूप पैरों की गति तथा गीत के भाव के अनुसार अभिनय में कोमलता का होना आवश्यक है। इसके गीत मुख्यत: श्रृंगार रस-प्रधान होते हैं। श्रृंगार के दोनों पक्षों-संयोग एवं वियोग का वर्णन इसमें होता है"[11]। प्राय: इसके गीत वर्णनात्मक एवं रागबद्ध होते हैं जिनमें प्रेम की पीड़ा, निराशा, विरह, मिलन आदि का वर्णन होता है और जिसे नर्तकी अत्यन्त भावपूर्ण और व्यंजनापूर्ण मुख-मुद्रा से व्यक्त करती चलती है। मोहिनियाट्टम में नृत्त के साथ अभिनय का भी बहुत महत्वपूर्ण स्थान है। नन्दिकेश्वर के अभिनयदर्पण को आधार बनाकर इस नृत्य के अभिनय पक्ष का रूपायन हुआ है। इसमें प्रत्येक रस या भाव के लिए उचित गति और ताल निर्धारित हैं इसलिए इस पर प्रवीणता प्राप्त करने के लिए कठिन प्रयत्न तथा अभ्यास की ज़रुरत है।

भारत के महिला शास्त्रीय नृत्यों में काफी लोकप्रिय है उत्तर भारत का कथक। कथक शब्द की उत्पत्ति कथा शब्द से हुई है। कथाकार या कहानी सुनानेवाले वह लोग होते हैं, जो प्राय: दन्तकथाओं, पौराणिक कथाओं और महाकाव्यों की उपकथाओं के विस्तृत आधार पर कहानियों का वर्णन करते हैं। इसकी शुरुआत मौखिक परम्परा के रूप में हुई है। कथन को ज़्यादा प्रभावशाली बनाने के लिए इसमें अभिनय और मुद्राएँ कदाचिद् बाद में जोड़ी गई। इस प्रकार वर्णनात्मक नृत्य के एक सरल रूप का विकास हुआ और यह हमें आज कथक के रूप में दिखाई देनेवाले इस नृत्य के विकास के कारणों को भी उपलब्ध कराता है। मुगलों के आगमन के साथ इस नृत्य को एक नया प्रोत्साहन मिला। मन्दिर के आँगन से लेकर महल के दरबार तक एक परिवर्तन ने अपना स्थान बनाया, जिसके कारण प्रस्तुतीकरण में अनिवार्य परिवर्तन आए। महिलाओं द्वारा शास्त्रीय ढंग से प्रस्तुत करनेवाले इस कथक नृत्य के प्रदर्शन के दो मुख्य भाग होते हैं—शुद्ध नृत्त एवं अभिनय। कथक का प्रारम्भ शुद्ध नृत्त से होता है। इसमें सामान्यत: ठाट, आमद, बोल, तोड़े-टुक्ड़े, परन, ततकार आदि एककों का प्रदर्शन होता है। कथक के नृत्त भाग में नगमा को प्रयोग में लाया जाता है। तबला बजानेवाले और नर्तकी-दोनों एक सुरीली पंक्ति की आवृत्ति पर निरन्तर संयोजनों का निर्माण करते हैं। अर्थात पहले तबले पर एक पंक्ति को बजाए जाता है, उसके बाद नर्तकी अपनी नृत्य गतिविधि या क्रिया में उसे दोहराती है। अभिनय भाग में गत निकास, गत भाव, ठुमरी भाव, पदाभिनय

आदि का प्रदर्शन होता है। गत भाव में नर्तकी प्रस्तुत कहानी के विभिन्न पात्रों के स्थाई भावों में अभिनय करती है। ठुमरी भाव एवं पदाभिनय में नर्तकी ठुमरी, दादरा और भजन के शब्दों व अर्थों को विभिन्न मुद्राओं तथा भावों के द्वारा व्याख्यायित करती है। सिर्फ कथक ही शास्त्रीय नृत्य का वह रूप है, जो हिन्दुस्तानी संगीत से जुड़ा हुआ दिखाई देता है।

मणिपुरी नृत्य भी भारत के प्रमुख महिला शास्त्रीय नृत्य में से एक है, जिसकी उत्पत्ति उत्तर-पूर्वी राज्य मणिपुर में हुई थी। यह पारम्परिक रूप से भक्ति गीतों के साथ नृत्य नाटक के रूप में प्रस्तुत किया जाता है। मणिपुरी नृत्य के विषयवस्तु राधा और कृष्ण के रासलीला पर आधारित है। इसमें श्रृंगार रस के दोनों पक्षों-संयोग और वियोग की प्रधानता रहती है। ऐसा माना जाता है कि मणिपुर के शासक राजा भाग्यचन्द्र ने ही इस नृत्य शैली को पुनरूज्जीवित और सुनियोजित किया था। वे भगवान कृष्ण के अनन्य भक्त थे और उन्होंने भक्ति पन्थ की उन्नति के लिए पूरी निष्ठा के साथ कार्य किया। उन्होंने इम्फाल में गोविन्द जी का मन्दिर बनवाया, स्वयं रासलीला की रचना की, भगवान कृष्ण के जीवन की घटनाओं को प्रस्तुत करनेवाले रासनृत्यों को प्रोत्साहन दिया और नृत्य कार्यक्रमों के लिए मंडल या कक्ष बनवाए। राजा भाग्यचन्द्र ने संगीत और नृत्य को जो दिल खोल कर प्रोत्साहन दिया उससे अन्ततः मणिपुरी नृत्य का पुनरुत्थान हुआ। राजा ने अपने राज्य के अनुभवी संगीतज्ञों और नृत्य गुरूओं को बुलाया। उनकी सहायता से मणिपुरी नृत्य शैली के सिद्धान्त और विधियाँ तय किए गए। राजा भाग्यचन्द्र के उत्तराधिकारियों ने भी इस कला की ओर समुचित ध्यान दिया। मणिपुरी नृत्य का एक विस्तृत रंगपटल होता है, तथापि रास, संकीर्तन और थंग-ता इसके बहुत प्रसिद्ध रूप हैं। यहाँ पाँच मुख्य रास नृत्य हैं, जिनमें से चार का सम्बन्ध विशिष्ट ऋृतुओं से है। जबकि पाँचवाँ रास में किसी भी समय प्रस्तुत किया जा सकता है। मणिपुरी रास में राधा, कृष्ण और गोपियाँ मुख्य पात्र होते हैं। इसकी विषय-वस्तु बहुधा राधा और गोपियों की कृष्ण से अलग होने की व्यथा को दर्शाती है। रासलीला नृत्यों में परेंग या शुद्ध नृत्य क्रम प्रस्तुत किए जाते हैं। इसमें निर्दिष्ट लयात्मक भंगिमाओं और शरीर की गतिविधियों का अनुसरण किया जाता है, जो परम्परागत रूप से अनुसरणीय होते हैं। मणिपुरी नृत्य शैली इस मूल मान्याता पर आधारित है कि अनुभूति, मनः स्थिति, मनोभव और मानसिक आवेश को शरीर के अंग संचालन से व्यक्त किया जा सकता है। शरीर के मोहक हावभावों और सुरताल पर थिरकने से संगीत माधुर्य को रूप में बदला जाता है, और उधर संगीत भावों

का संचार करता है। विनम्रतापूर्ण अंग संचालन इस नृत्य की विशेषता है जिसे स्त्रियाँ लास्यात्मक शैली में प्रस्तुत करती हैं।

सत्रिय नृत्य असम की एक विशिष्ट शास्त्रीय नृत्य रूप है। यह नृत्य 15 वीं शताब्दी के बाद के वर्षों में विकसित हुआ। और लगभग पाँच सौ वर्षों से सत्रों में फलता-फूलता रहा। यह मूलतः भक्ति-प्रधान नृत्य है। प्रारम्भिक काल में यह पुरुषों के द्वारा ही किया जाता था। धीरे-धीरे स्त्रियों का भी इस क्षेत्र में प्रवेश होने लगी। धार्मिक अनुष्ठानों और उत्सवों के अवसर पर प्रस्तुत किया जानेवाला यह नृत्य वैष्णव भक्ति का माध्यम रहा है। "सत्रिय नृत्य में 'सत्रिय' शब्द असम के सांस्कृतिक जन-जीवन और असमिया भाषा का है, जिसका अर्थ है वैष्णव धर्म के केन्द्र स्थान से सम्बन्धित। सत्रिय नृत्य में शुद्ध नृत्त, नाट्य, नाट्यधर्मी, लास्यधर्मी इत्यादि सभी वैशिष्ट्य देखा जाता है। शास्त्रीय तथा पारम्परिक हस्त, दर, शिरभेद, दृष्टि, ग्रीवा तथा सभी प्रकार के अंग-प्रत्यंग और उपांग का प्रयोग सत्रिय नृत्य में हैं। सत्रिय नृत्य का अपना एक संरचनात्मक व्याकरण है जो माटी अखाड़ा (मूल धर्म चर्या) से जाना जाता है तथा जो नृत्य और भंगिमाओं का संयोजन है। सत्रिय नृत्य में लगभग 64 माटी अखाड़ा है। यह पुरुष भंगी (पुरुष जातीय शैली) और प्रकृति (स्त्री जातीय शैली) में विभाजित है"[12]। शास्त्रीय और देशज दोनों तत्त्वों का अनुसरण करनेवाला यह नृत्य मूलतः नाट्यशास्त्र पर आधारित है।

आन्ध्र प्रदेश की एक विख्यात नृत्य शैली है कुचिपुड़ी जिसका प्रस्तुतीकरण शास्त्रीय शैलीबद्ध ढंग से होता है। इस नृत्य शैली का नाम आन्ध्र प्रदेश के कृष्णा जिले के कुचिपुड़ी नामक गाँव से लिया गया है। गतिशील कलाकारों का एक समूह जिसे कुचेलवा कहा जाता था, ने ही प्रारम्भिक समय में इसका प्रदर्शन किया था। अन्य भारतीय शास्त्रीय नृत्यों के समान कुचिपुड़ी भी धर्म के साथ जुड़ा हुआ है। एक लम्बे समय से यह कला केवल मन्दिरों में और वह भी आन्ध्र प्रदेश के कुछ मन्दिरों में वार्षिक उत्सव के अवसर पर प्रदर्शित की जाती थी। विजयनगर और गोलकुंडा के शासकों द्वारा इसे संरक्षण प्रदान किया था। परम्परा के अनुसार कुचीपुड़ी नृत्य मूलतः केवल पुरुषों द्वारा किया जाता था और वह भी केवल ब्राह्मण समुदाय के पुरुषों द्वारा। बाद में गुरु वेदान्तम लक्ष्मी नारायण, चिन्ता कृष्णा मूर्ति और तादेपल्ली पेराया जैसे कलाकारों ने महिलाओं को इसमें शामिल कर नृत्य को और समृद्ध बनाया है। अब इसका प्रस्तुतीकरण महिला एकल नृत्य के रूप में भी हुआ करते है। भागवत पुराण की कहानियाँ ही इसकी मुख्य विषयवस्तु है। इस नृत्य शैली में शृंगार रस की

महत्वपूर्ण भूमिका है तथा नर्तकी इसे लास्य प्रधान शैली में प्रस्तुत करती है। कुचिपुड़ी नर्तक चपल और द्रुत गति से युक्त, एक विशेष वर्तुलता लिए क्रम में भंगिमाओं का अनुक्रम प्रस्तुत करते हैं और इस नृत्य में पद-संचालन में उड़ान की प्रचुर मात्रा होती है जिसके कारण इसके प्रदर्शन में एक विशिष्ट गरिमा और लयात्मकता का सन्निवेश होता है। कर्नाटक संगीत के साथ प्रस्तुत किया जानेवाले इस नृत्य में भक्त के भगवान में लीन हो जाने की आभीप्सा का प्रदर्शन होता है। शरीर सन्तुलन व पादकौशल तथा उसके नियन्त्रण में नर्तक कलाकारों की दक्षता प्रदर्शित करने हेतु पीतल की थाली की किनारी पर नृत्य करना तथा सिर पर पानी से भरा घड़ा लेकर नृत्य करने जैसी कुशलताओं को जोड़ा गया है।

शास्त्रीय नाट्यरूपों में महिला उपस्थिति

भारत के पारम्परिक शास्त्रीय रंगमंच में केरल में प्रचलित 'कूटियाट्टम' तथा उससे सम्बन्ध रखनेवाली रंगकला 'नंङ्यारम्मा कूत्त' दोनों का विशेष महत्वपूर्ण स्थान है। इन दोनों रंगकलाओं में महिलाओं की उपस्थिति सजीव रूप से विद्यमान है। नाट्यशास्त्र विधि के अनुसार नाटकों में स्त्री पात्रों की भूमिकाएँ मात्र स्त्रियाँ ही निभाती है। नाट्यशास्त्रीय नियमों का लगभग अनुसरण करनेवाले कूटियाट्टम में भी स्त्री पात्रों की भूमिका स्त्रियों के द्वारा निभाया जाने की परम्परा देखने को मिलती है। नंङ्यारम्मा कूत्त तो पूर्ण रूप से महिलाओं द्वारा प्रदर्शित एकल नाट्यरूप है, जिसके प्रशिक्षण और प्रदर्शन का अधिकार मात्र महिलाओं पर निक्षिप्त है।

कूटियाट्टम, नाट्याभिनय की एक ऐसा पारम्परिक शास्त्रीय शैली विशेष है जिसे प्राचीन भारत में परिव्याप्त संस्कृत रंगमंच का एकमात्र जीवित प्रादेशिक अवशेष माना गया है। कूटियाट्टम मूलतः और शुद्धतः संस्कृत नाटकाभिनय है। इसमें भास कालिदास प्रभृति संस्कृत नाटककारों के कतिपय चुने हुए नाटकों का शास्त्रीय एवं शैलीबद्ध ढंग से अभिनय होता है। कूटियाट्टम की प्रदर्शन शैली नाट्यशास्त्र तथा इस प्रकार के अन्य शास्त्र ग्रन्थों में निरूपित नाट्य-विधियों के आधार पर रूपायित है। नाट्यशास्त्र में निर्धारित नाट्यधर्मी शैली का अनुसरण करनेवाली इस रंगकला में चतुर्विध अभिनयों—सात्विक, आंगिक, वाचिक, आहार्य—का प्रयोग बड़ी कुशलता के साथ होता है। "इन चतुर्विध अभिनयों में सबसे प्रमुख है सात्विकाभिनय, जिसे कूटियाट्टम में भी

उत्तम स्थान दिया गया है। रोमांच, वेपधु आदि सात्विक भावों के सहारे मूल काव्य-बन्ध की अन्तरात्मा का रस रूप में प्रस्तुतीकरण, जो सात्विकाभीनय कहलाता है, कूटियाट्टम के सन्दर्भ में विशेष रूप से महत्वपूर्ण है। नट लोग अपने मुख राग और आंखें चालन से विविध भावों व रसों को बड़ी तन्मयता के साथ प्रस्तुत करते है। कभी कभी मात्र नेत्र चालन के सहारे पूरे काव्य-खंड का विस्तृर अभिनय प्रस्तुत किया जाता है।अभिनय में नेत्र या दृष्टि का जो उपयोग कूटियाट्टम में पाया जाता है, वैसा अन्यत्र नहीं। नाटकों के संवाद-श्लोकों के उच्चारण के लिए एक विशेष प्रकार के धुन और रागों की व्यवस्था कूटियाट्टम में देखने को मिलते हैं। विभिन्न रागों की प्रयुक्ति नाटक के प्रसंग, पात्र एवं रसों के अनुसार ही निर्धारित है। कूटियाट्टम में आंगिकभीनय की भी बड़ी प्रमुखता है। हस्त मुद्राएँ, विभिन्न प्रकार की चारियाँ, नृत्त आदि का प्रस्तुतीकरण में विशेष स्थान है"[13]। परम्पराया कूटियाट्टम का प्रस्तुतीकरण मन्दिरों के भीतर ही होता है और वहाँ मात्र इसके प्रदर्शनार्थ एक अलग रंगभवन का विधान है, जो 'कूत्तम्पलम' कहा जाता है। इस कूत्तम्पलम में एक पुनीत चाक्षुष यज्ञ अर्थात् अनुष्ठान के रूप में इस रंगकला का प्रदर्शन होता है। परम्परा के अनुसार मन्दिरेतर किसी भी मंच पर इस कला का अभिनीत होना मना है। इस प्रकार मन्दिरों में अनुष्ठान के रूप में प्रस्तुत होनेवाली इस रंगकला के प्रशिक्षण और प्रस्तुतीकरण का अधिकार चाक्यार और नम्ब्यार नामक उच्च जाति के दो वंशजों को ही प्राप्त था। ये लोग परम्परा या कुलवृत्ति के रूप में इस कला को अपनाते हैं। इस रंगकला की एक और विशेषता यह है कि परम्पराया इसके प्रस्तुतीकरण में स्त्री और पुरुष दोनों समान रूप से भाग लेते हैं। नाटकों के पुरुष पात्रों की भूमिका चक्यार समुदाय के पुरुष कलाकार निभाते हैं तथा स्त्री पात्रों की भूमिका नम्ब्यार समुदाय की स्त्रियाँ, जो 'नंङ्यारम्मा' कही जाती हैं निभाती हैं। इस रंगकला के प्रमुख वाद्य का नाम 'मिषाव' जिसका वादन नम्ब्यार समुदाय के पुरुषों द्वारा होता हैं। मिषाव के साथ करताल से ताल बजाना और गीतों और श्लोकों के उच्चारण का कार्य भी नंङ्यारम्मा निभाती है। आजकल मन्दिरों के बाहर अन्य मंचों में भी कूटियाट्टम की प्रस्तुति होती जा रही है। जाति के भेदभाव के बिना सभी इछुक लोग इस रंगकला का प्रशिक्षण एवं प्रदर्शन कर रहे हैं। मानवता की मौखिक और अमूर्त विरासत की सर्वोच्च प्रतिनिधि के रूप में यूनेस्को द्वारा औपचारिक मान्यता प्राप्त इस रंगकला ने आज देश-विदेशों में काफी ख्याति अर्जित की है।

भारत की महिला प्रस्तुतिपरक रंगकलाओं में नंङ्यारम्मकूत्त का अद्वितीय

स्थान है। कूटियाट्टम से विकसित इस रंगकला का प्रस्तुतीकरण एकल शैली में होता है। मात्र महिलाओं द्वारा प्रस्तुत इस शास्त्रीय रंगकला को भारत के प्राचीन संस्कृत महिला नाट्यरूप का एकमात्र जीवित अवशेष माना जा सकता है। परम्पराया इसके प्रस्तुतीकरण का अधिकार नम्ब्यार समुदाय की स्त्रियाँ, जो 'नंङ्‌यारम्मा' कही जाती हैं पर निर्भर है। अभिनय शैली, रूप संरचना, मंच विधान इत्यादि प्रस्तुतीकरण सम्बधी अन्यान्य स्तरों पर नंङ्‌यारम्मकूत्त कूटियाट्टम के लगभग समान ही है। कूटियाट्टम के प्रस्तुतीकरण के विभिन्न एककों में 'निर्वहणं' का विशेष महत्व है। निर्वहणं का अर्थ है पूर्वरंग की प्रस्तुति। नाटक के किसी एक पात्र एकल शैली में अपनी या अन्य किसी प्रमुख पात्र की पूर्वकथा को अभिनीत करता है, जिसे निर्वहणं कहते है। नंङ्‌यारम्मकूत्त भी इसी शैली में स्वतन्त्र रूप से प्रस्तुत होता है। इस एकल प्रस्तुति की सबसे बड़ी विशेषता यह है कि इसमें अभिनेत्रियों को अपनी इच्छानुसार विस्तृत रूप से अभिनय करने की स्वतन्त्रता होती है। अर्थात् अपनी प्रतिभा एवं अभिनय कौशल के अनुसार अभिनेत्री कथा सन्दर्भ को विस्तार से प्रस्तुत कर सकती है। कूटियाट्टम की तुलना में नंङ्‌यारम्मकूत्त की भिन्नता यह है कि इसमें कथानक की प्रस्तुति वाचिक ढंग से नहीं बल्कि अभिनयात्मक ढंग से होती है। अर्थात् कूटियाट्टम में आंगिक, वाचिक, सात्विक एवं आहार्य चारों अभिनय शैलियों का प्रयोग होता है, लेकिन नंङ्‌यारम्मकूत्त में वाचिक अभिनय को छोड़कर बाकी तीनों शैलियों का प्रयोग होता है। विशेषकर मुद्रभिनय, मुखाभिनय एवं नेत्राभिनय के द्वारा ही अभिनेत्री कथा सन्दर्भ को प्रस्तुत करती है। इसके साथ-साथ शुद्ध नृत्त का प्रयोग भी कहीं कहीं इसमें होता है। अभिनय के अन्त में श्लोकों का आलापन होता है, वह तो अभिनेत्री के द्वारा नहीं बल्कि ताल बजानेवाली नंङ्‌यारम्मा के द्वारा होती है। नंङ्‌यारम्मकूत्त की विषयवस्तु भगवान श्रीकृष्ण की जीवन-कथा के विभिन्न प्रसंगों पर आधारित है। आजकल श्रीकृष्ण कथाओं के अलावा अन्य ऐसी पौराणिक कथाओं को भी प्रस्तुति की विषयवस्तु के रूप में स्वीकार की जा रही है जो स्त्री जीवन से सम्बन्धित है।

उपरोक्त रंगकलाओं पर विचार करने से यह बात स्पष्ट हो जाती है कि भारत के शास्त्रधर्मी रंगमंच की परम्परा में महिलाओं की सक्रिय भूमिका अवश्य रही है। शास्त्रीय रंगकलाओं की यही विशेषता है कि उन्हें स्वायत्त करने के लिए कठिन साधना तथा प्रतिभा की ज़रूरत है। अत: ये महिला प्रस्तुतिपरक रंगकलाएँ कला के प्रति भारतीय महिलाओं के सम्पूर्ण समर्पणवाले मनोभाव का स्पष्ट प्रमाण है। कालगत विशेषताएँ, सत्तात्मक सम्बन्ध तथा

सामाजिक-सांस्कृतिक पृष्टभूमि का प्रभाव किसी भी रंगकला के रूपगत, भावगत, स्थलगत एवं प्रेक्षकीय मंडलों में अवश्य रहता है। जिन कलाओं को हम शास्त्रीय कहते है उनका उद्भव वर्गाधारित समाज के विकास के विशेष सन्दर्भ में हुए है। भारत के शास्त्रीय रंगमंच के विकास को भी सामन्ती व्यवस्था के उद्भव के साथ जोड़कर देखना समीचन होगा। ये कलाएँ उच्च वर्ग के लोगों के बीच में ही व्यापृत थी। अर्थात् इसके प्रयोक्ता एवं प्रेक्षक दोनों ही उच्च वर्ग या ऊंची जाति के होते थे। इन शास्त्रीय रंगकलाओं में महिलाओं की उपस्थिति तो अवश्य मौजूद थी किन्तु इनकी सम्पूर्ण संरचना के मूल में तत्कालीन सामन्ती सामाजिक व्यवस्था द्वारा निर्धारित पितृसत्तात्मक सांस्कृतिक मूल्यों का प्रभाव स्पष्टत: दिखाई देता है। भारत के इन महिला प्रस्तुतिपरक शास्त्रीय रंगकलाओं की यही अवस्था थीं कि ये सालों से रंगमंच में महिलाओं की भूमिका को शोभाकारक व शृंगार रसोत्पादन के साधन के रूप में प्रस्तावित तथाकथित नाट्य-विचारों के पुरुष प्रधान सौन्दर्य बोध के भीतर दबी गई नायिका संकल्पनाओं को उजागर करनेवाली थीं। इसलिए स्त्रीत्व की सही पहचान एवं स्त्री-स्वत्त्व की गहरी अभिव्यक्ति का अभाव इन रंगकलाओं में रहीं। सामन्ती व्यवस्था के ह्रास के साथ-साथ कला सम्बन्धी संकल्पनाओं में भी परिवर्तन आने लगीं। सामन्ती व्यवस्था के समय शास्त्रीय रंग कलाओं में निहित अभिजात वर्गीय वर्चस्व तथा एकत्ववादी परिप्रेक्ष्य को परिवर्तित करते हुए ही आधुनिकता ने इस क्षेत्र में भी कदम रखा था। उस समय से लेकर इन रंगकलाओं का पुनरुत्थान होने लगे तथा उनकी आतंरिक ऊर्जा एवं रूप विधान की तन्मयता को नष्ट किए बिना आधुनिक भावबोध से जोड़ा दिया जाने के प्रयास भी सामने आए। समकालीन भारत में अभिव्यक्ति के अन्यान्य माध्यमों में स्त्री की अस्मिता एवं उसकी रचनात्मक भूमिका जब चर्चा के केन्द्र में आ गई तब उसका प्रभाव महिला प्रस्तुतिपरक शास्त्रीय कलाओं में भी दृष्टिगोचर होने लगा। स्त्रीपक्षीय चिन्तन के प्रभाव ने पारम्परिक शास्त्रधर्मी रंग कलाओं को अपने में निहित रुढ़िवादी एवं पुरुष वर्चस्वी तत्त्वों से मुक्त होकर समसामयिक होने का अवसर प्रदान किया। इनमें अधिकांश रंगकलाओं की विषयवस्तु का परिप्रेक्ष्य परिवर्तित होता दिखाई देता है तथा मिथकीय कथासन्दर्भों का स्त्रीपक्षीय दृष्टि से पुनर्व्याख्या भी देखने को मिलती है। समकालीन स्त्री की संवेदनाओं को अभिव्यंजित करनेवाली विषयवस्तुओं की यह प्रयुक्ति अपने आप में अनन्य है। आजकल ये रंगकलाएँ क्षेत्रीय, जातीय एवं वर्गीय सीमाओं को पार करते हुए देश विदेश में ख्याति आर्जित कर रही है तथा महिला

कलाकारों के लिए अपनी स्वत्त्वाभिव्यक्ति के सशक्त माध्यम के रूप में प्रयुक्त होता भी दिखाई दे रही हैं।

सन्दर्भ

1. चित्रा मोहन, महिला रंगमंच(लेख), नाटक के सौ बरस, सं. अजित पुष्कल, हरीशचन्द्र अग्रवाल, पृ.162
2. डॉ. जयदेव तनेजा, आधुनिक भारतीय नाट्य विमर्श, पृ.65
3. Kenneth McGowan, William Mctlenitz, The Living Stage:A History of World Theatre, P.8
4. रामनरेश त्रिपाठी, कविता कौमुदी पाँचवाँ भाग(ग्राम गीत), भूमिका, पृ. 15
5. बलवन्त गार्गी, रंगमंच, पृ. 22
6. वहीं, पृ. 23
7. डॉ. महेन्द्र भानावत—अनुवाचन, देवीलाल सामर, लोक नाट्य परम्परा और प्रवृत्तियाँ, पृ.84-85
8. जगदीशचन्द्र माथुर, परम्पराशील नाट्य, पृ.123
9. डॉ. नारायणदास पुरोहित, हिमाचली लोकरंग, पृ. 80
10. डॉ. श्याम परमार, लोकरंग, पृ.333
11. पी एम शान्ता, मोहिनियाट्टम : केरल का लास्य नृत्य, केरल की सांस्कृतिक विरासत, सं. जी गोपिनाथन, पृ. 105
12. रत्नेश कुमार, सत्रिय नृत्य, संगना, अक्टूबर-दिसम्बर 2013
13. पी के वेणु, संस्कृत रंगमंच और कूटियाट्टम, केरल की सांस्कृतिक विरासत, सं. जी गोपिनाथन, पृ. 85

आधुनिक भारतीय रंगमंच में महिला उपस्थिति

रंगमंच में महिलाओं की उपस्थिति की परम्परा स्त्री की लिंग-स्थिति एवं सामाजिक-कर्तृत्व के साथ सीधा जुड़ा हुआ होता है। आधुनिक भारतीय रंगमंच में स्त्रियों की भूमिका की परम्परा भी प्रत्येक समय की विशेष सांस्कृतिक परिस्थिति के व्यापक सन्दर्भ पर निर्भर होती है, जिसके मूल में सत्तात्मक सम्बन्धों का प्रभाव स्पष्टत: विद्यमान रहता है। उन्नीसवीं सदी के आसपास के समय के भारतीय पितृसत्तात्मक समाज में एक ऐसी नैतिक चेतना परिव्याप्त थी जिसके प्रभाव ने महिलाओं को 'कुलस्त्री' व 'वेश्या' जैसी दो विशेष सामाजिक स्थितियों में प्रतिष्ठित करके देखे जानेवाले अवबोध को उत्पन्न किया था। स्त्री और रंगमंच के बीच के सम्बन्ध को निर्धारित करने में इस सार्वजनिक सांस्कृतिक अवबोध की अपनी विशेष भूमिका रही है। आधुनिक भारतीय रंगमंच में महिलाओं की उपस्थिति की परम्परा को दो प्रमुख चरणों में विभक्त करके देखा जा सकता है। प्रथम चरण के अन्तर्गत आधुनिक भारतीय रंगमंच के प्रारम्भिक समय से लेकर सन् 1940 तक के रंगकार्यों में महिलाओं की उपस्थिति का अन्वेषण है। द्वितीय चरण से तात्पर्य उन रंगमंचीय गतिविधियों में महिलाओं की उपस्थिति से है जिनमें इप्टा तथा पृथ्वी थिएटर जैसे काफी लोकप्रिय रंग मंडलियों के रंगकार्य एवं पच्चासोत्तर नवीन रंग आन्दोलनों में महिला रंगकर्मियों की सृजनात्मक भूमिका का अन्वेषण प्रमुख है।

प्रथम चरण

यह जानना **और** बताना भले ही कठिन हो कि पारम्परिक रंगमंच से भिन्न आधुनिक भारतीय रंगमंच के बीज-वपन का बुनियादी काम कब किस-किस ने और कहाँ-**कहाँ** किया, परन्तु मोटे तौर पर यह जानकारी तो मिल सकती है कि इस फसल के लिए नई ज़मीन तलाशने और मिट्टी तैयार करने का काम

कब और कैसे हुआ। वरिष्ठ रंग आलोचक डॉ. जयदेव तनेजा के अनुसार "यूं तो नागरिक रंगमंच का श्रीगणेश नवम्बर 1765 में रूसी नाट्य-प्रेमी हेरासिम लेबेड़ेफ़ और बंगला के उत्साही रंगकर्मी गोलोकनाथ दास द्वारा प्रस्तुत अंग्रेज़ी के दो हास्य-प्रधान नाटकों 'डिसगाइज़' तथा 'लब इज़ द बेस्ट डॉक्टर' के बंगला प्रस्तुतीकरणों के रूप में ही हो गया था, परन्तु दुर्भाग्यवश इस प्रथम सफल प्रयास की कोई परम्परा नहीं बन पाई और आगामी लगभग चालीस-पचास वर्षों तक इस दिशा में कुछ भी नहीं किया जा सका।"[1] इसके कई साल बाद 19 वीं सदी में ही भारत की प्रमुख प्रादेशिक भाषाओं में रंगमंच का निर्माण हुआ। उपनिवेश कालीन भारत में प्रोसीनियम स्टेज और शेक्सपियर के नाटकों के परिचय से एक नितान्त भिन्न प्रकार के रंगमंच का आविष्कार हुआ जिसके फलस्वरूप नाट्य प्रस्तुति का एक नया स्वरूप तथा प्रेक्षकीयता की एक नई शैली का विकास सम्भव हुआ जिसके परिणाम स्वरूप नाट्य प्रदर्शन का स्वभाव ही बदल गया। अब प्रदर्शन का मतलब हो गया लिखित या छपे हुए नाट्य पाठ को प्रोसीनियम मंच पर अभिनेताओं द्वारा खेला जाना। प्रोसीनियम मंच की यही विशेषता है कि पूरी नाट्य प्रस्तुति को सामने से ही देख जा सकता है और इससे दर्शक और अभिनेता के बीच एक अभाषी दीवार भी आ गई। नाट्य प्रदर्शन में शुल्क भी लगने लगा। रंगमंच अब सामुदायिक नहीं रहा, एक प्रकार से उसका सार्वजनीकरण हो गया।

आधुनिक रंगमंच के प्रारम्भिक दौर में रंगमंच के क्षेत्र में महिलाओं की उपस्थिति नही के बराबर थी। उस ज़माने के भारतीय समाज में ऐसा विश्वास विद्यमान था कि स्त्रियों का सार्वजनिक स्थलों पर उपस्थित होना नैतिक मूल्यों के बिखराव एवं भ्रष्ट आचरण को बढ़ावा देने में सहायक होगा। इस पुरुष-केन्द्रित सामाजिक अवबोध के प्रभाव ने ही स्त्रियों को रंगमंच के सार्वजनिक स्पेस से काफी दूर रखे जाने की स्थिति पैदा की थी। जनमानस में यह भावना गहरी पैठ बनाई हुई थी कि रंगमंच के क्षेत्र में कुलस्त्री अथवा कुलीन परिवारों की स्त्रियों का प्रवेश न सिर्फ अशोभनीय है बल्कि इससे उनमें घर-परिवार के दायित्वों के प्रति उपेक्षा एवं अवहेलना का भाव भी उत्पन्न हो जाएगा। इसी धारणा के परिणाम स्वरूप नाट्य प्रस्तुतियों में किसी मोहक सुरीली आवाज़वाले पुरुष को ही स्त्री की भूमिका निभानी पड़ती थी।

उन्नीसवीं सदी में भारत के प्राय: सभी प्रादेशिक भाषाओं के रंगमंच में स्त्रियों की भूमिका पुरुष कलाकारों के द्वारा निभाई जानेवाली प्रणाली प्रचलित थी। आधुनिक हिन्दी का पहला अभिनीत नाटक शीतलाप्रसाद त्रिपाठी का

'जानकी मंगल' माना जाता है, जो सन 1818 में काशी में खेला गया था। इसमें स्त्री पात्रों की भूमिका पुरुषों द्वारा ही निभाई गई थी। शकुन्तला की भूमिका में अभिनय करने के लिए प्रतापनारायण मिश्र जी द्वारा अपने पिता से मूँछ मुड़ाने के लिए अनुमति माँगना प्रसिद्ध घटना थी। गंगाधर राव, बाबू देवेन्द्रनाथ, बलवन्त मराठे, बाल गन्धर्व, पुरुषोत्तम नायक, मास्टर निस्सार, नानूराम मारवाड़े, धनजी शाह, शंकर राव, फूलचन्द, चम्पालाल, ओचिरा वेलुकुट्टी आदि के नाम प्रसिद्ध है, जिन्होंने भारत की अन्यान्य प्रादेशिक भाषाओं के नाटकों में स्त्री पात्रों की भूमिका सफलता पूर्वक निभाई थीं। स्त्री पात्रों की भूमिका निभानेवाले और एक प्रसिद्ध कलाकार थे कलकत्ता के जयशंकर सुन्दरी जी। उनकी आत्मकथा के हिन्दी अनुवाद की भूमिका में जयदेव तनेजा ने लिखा है कि "मात्र नौ वर्ष की आयु में दादा भाई रतन जी की ठनठनिया नाटक मंडली में उनका प्रवेश हुआ था। उनका अभिनय जीवन इसी मंडली के साथ शुरू हुआ था। ग्यारह वर्ष की उम्र में वे बापुलाल नायक की नाटक मंडली में शामिल हुए और 'ओथलो' के मुक्त रूपान्तर 'सौभाग्य सुन्दरी' में सुन्दरी नामक स्त्री पात्र की भूमिका निभाते हुए रंगमंच में सितारे की तरह जगमगा उठे थे। उनकी यह भूमिका इतनी प्रभावी रही कि 'सुन्दरी' शब्द सदा के लिए उनके नाम के साथ जुड़ गया।"[2] पारसी थियटर तथा अन्य रंग मंडलियों में स्त्री पात्रों की भूमिका निभाने के लिए लड़कों की नियुक्ति की जाती थी और इसके लिए उनको अभिनय का प्रशिक्षण भी दिया जाता था। पुरुष कलाकारों द्वारा अभिनीत स्त्री पात्रों का स्वरूप हमेशा पुरुष-दृष्टि से रूपायित स्त्री-संकल्पनाओं को उजागर करनेवाला होता था। स्त्री के नैसर्गिक भाव और स्त्रीत्व की स्वाभाविक चेतना का उसमें सर्वथा अभाव रहता था।

रंगमंच की दुनिया में महिलाओं के प्रवेश का सार्वजनिक जीवन में महिलाओं के प्रवेश के साथ गहरा सम्बन्ध है। भारत में स्त्री-चेतना के आरम्भ की पहचान नवजागरण के उस अंकुर से की जा सकती है, जिससे पराधीनता का बोध और उससे मुक्ति की अदम्य कामना प्रस्फुटित हो रही थी। नवजागरण, वास्तव में हमारे राष्ट्रीय जीवन में कई प्रकार के नए मानकों के आरम्भ का सूचक था। भारतीय नारी की सामाजिक जगह पर प्रस्तुति और आज़ादी के संघर्ष में भागीदारी इस समय से प्रारम्भ हुई थी। लिंग-वर्ण-वर्ग के भेदभावों के सम्बन्ध में नई व्याख्याएँ हुईं तथा अनेक नए विचार सामने आए। भारतीय नवजागरण ने स्त्री सशक्तीकरण को केन्द्र में रखते हुए सबसे पहले संगठित रूप से समाज सुधार के प्रयत्न किए तथा हमारी परम्पराओं की आधुनिक

व्याख्या दी। इस नवीन चेतना का प्रभाव रंगमंच पर भी स्पष्ट रूप से पड़ा तथा अनेक समाज-सुधारकों, साहित्यकारों व रंगकर्मियों के द्वारा रंगमंच के क्षेत्र में स्त्रियों को उपस्थित करने का सक्रिय प्रयास किया जाने लगा।

प्रसिद्ध बंगाली साहित्यकार, समाज-सुधारक एवं 'यंग बंगाली ग्रुप' के सदस्य श्री मईकल मधुसूदन दत्त ने वेश्याओं को थियटर में कलाकार बनने का सुझाव पहली बार दिया था। समाज में उपेक्षित स्त्री को नवजीवन और सामाजिक स्वीकृति दिलाने का क्रान्तिकारी कदम उन्होंने उठाया। बंगाल की प्रमुख अभिनेत्री 'बिनोदिनी दासी' ने अपनी आत्मकथा 'आभार कौथा' (मेरी कहानी) में बंगाल के सामाजिक जीवन और रंगमंच पर प्रकाश डाला है। रंगमंच में अपनी सजीव उपस्थिति के सम्बन्ध में वे बताती हैं कि "उन दिनों माइकल मधुसूदन दत्त के 'मेघनाथ वध' काव्य के नाट्य रूप की तैयारी हो रही थी। मैंने इस नाटक में सात भूमिकाओं में एक साथ अभिनय किया था। पहली चित्रांगदा, दूसरी प्रमीला, तीसरी वारुनी, चौथी रति, पाँचवीं माया, छठी महामाया और सातवीं सीता। बंकिम बाबू के 'मृणालिनी' में मनोरमा की भूमिका करती थी और 'दुर्गेशनन्दिनी' में आइशा और तिलोत्तमा। कभी-कभी एक ही शो में दोनों भूमिकाओं में अभिनय किया। दोनों स्त्रियों का चरित्र बहुत भिन्न था। और इस तरह अपने को दो अंशों में तोड़कर अभिनय करने में कितनी कठिनाई होती थी कि क्या बताऊँ।"[3] नवीन कृष्ण बोस का श्याम बाज़ार थियटर तथा कुछ अन्य मंडलियों के छुटपुट प्रयासों के बाद बंगाल थियटर ने अलकेशी, जगततारिणी, श्यामसुन्दरी और गोलप, इन चार अभिनेत्रियों में से दो को माइकल-कृत 'शर्मिष्ठा' में शर्मिष्ठा की दासियों की भूमिकाएँ दी थीं। यह नाटक 1873 को खेला गया था। बंगाल थियटर के प्रभाव में ग्रेट नॅशनल थियटर ने भी क्षेत्रमणि, जादूमणि, लक्ष्मीमणि, राजकुमारी, नारायणी आदि स्त्री कलाकारों को 1874 में देवेन्द्रनाथ बेनर्जी-कृत 'सती किं कलंकिनी' संगीतक में स्त्रियों की भूमिकाओं में उतारा था। सन् 1883 में स्टार थियटर नामक नाट्य मंडली की स्थापना बंगाल की अभिनेत्री विनोदिनी ने अपने प्रेमी के सहयोग से की थी। इसी प्रकार इन्दर सभा में भी महिलाएँ अभिनय करती थीं। विक्टोरिया कम्पनी के मालिक दादी पटेल को नाटक खेलने के लिए हैदराबाद आमन्त्रित किया गया था। वहाँ से लौटते समय वे कुछ गानेवालियों को अपने साथ ले आए। जिन्होंने सन् 1875 में मंचित नाटक 'इन्दर सभा' में परियों की भूमिकाएँ अदा कीं। इसी तरह सन् 1880 में बालीवाला विक्टोरिया कम्पनी में महिलाओं को लेकर आए। उनकी कम्पनी में मिस गौहर, मिस मलिका, मिस फातिमा,

मिस खातून तथा अन्य लड़कियाँ काम करती थीं।

मराठी रंगमंच में नाट्य मन्वन्तर के मंच पर दृश्यबन्धों के साथ पहली बार स्त्रियों ने भूमिकाएँ निभाईं। इनमें गायिका और अभिनेत्री ज्योत्सना भोले प्रमुख थी। मुम्बई के गेयटी थियटर में सन् 1895 में खेला गया 'कलयुग' नाटक में दो महिला कलाकारों ने भाग लिया था—मेरी फेंटन तथा मिस रूयमन। इनके अतिरिक्त कुछ और महिला कलाकारों के नाम मिलते हैं—मेहरबानो, जोहरू जिलासा, रेहाना आदि। विक्टोरिया नाटक मंडली की प्रख्यात अभिनेत्री थी मिस गौहर। बम्बई के गेयटी थियटर में प्रस्तुत खूने नाहक (हैमलेट) में मिस गौहर को मेहबानो की भूमिका में प्रस्तुत किया गया। इस कम्पनी की अभिनेत्री कुमारी गौहर ने पुत्री पात्र के अभिनय में असाधारण सफलता और प्रसिद्धि प्राप्त की थी। इसी नाटक मंडली के सन् 1904 में मंचित लैला, मारे आस्तीन, चन्द्रावली, शहीदे नाज़, असीरे हिर्स आदि नाटकों में गौहर ने सोसन, बिजली, चन्द्रावली, सईदा, महज़बीन तथा जोहरा ने नूरजहाँ, लैला, परवीज़, कमलावती, मालन, नाज़नी, हसीना आदि पात्रों की भूमिकाएँ सफलतापूर्वक निभाई थीं। बाद में जब यह कम्पनी बन्द हो गई तब मिस गौहर वापिस पारसी नाटक मंडली में चली गई थी। खुरदेश जी बल्लीवाला के दिल्ली की थियटर कम्पनी की मुख्य अभिनेत्री थी श्रीमती गुल बिलीमोटिया जिन्होंने दर्शकों को बहुत प्रभावित किया था। सन् 1890 के आसपास के समय में तमिल रंगमंच में स्त्रियों की सजीव उपस्थिति रही थी। तमिल संगीत नाटक के इतिहास में यह बात स्पष्ट रूप से उल्लिखित है कि वहाँ स्त्रियों की अपनी निजी नाट्य मंडली मौजूद थी तथा उसमें पुरुषों की भूमिका भी स्त्रियों के द्वारा निभाई जाती थी। बालामणि अम्मयार के द्वारा संचालित महिला नाट्य मंडली उस समय में काफी विख्यात थी। उन्नीसवीं तथा बीसवीं सदी के प्रथम चरण में केरल के रंगमंच से जुड़ी स्त्रियों में प्रमुख थी वर्कला अम्मुक्कुट्टी, पल्लुरुत्ति लक्ष्मी, सी.के. राजम्, शिवानिक्कुट्टी आदि। मलयालम के प्रसिद्ध अभिनेता श्री सेबास्टैन कुञ् कुञ् भागवतर ने वर्कला अम्मुक्कुट्टी को मलयालम रंगमंच की प्रथम अभिनेत्री मानी हैं। कर्नाटक की सबसे पहली महिला रंग कलाकार थी चल्ल्वर। इन्होंने कोन्नूर नाट्य मंडली की 1889 में प्रस्तुत एक नाटक में अपने पति के साथ नायिका की भूमिका निभाई थी।

उन्नीसवीं सदी के उत्तरार्द्ध से रंगमंच के क्षेत्र में महिलाओं की उपस्थिति तो अवश्य शुरू होने लगी थी, किन्तु उसपर काफी बहस भी चलता रहा। रंगमंच के क्षेत्र में ऐसे रूढ़िवादी विचारों का प्रभाव बीसवीं सदी के पहले

चरण तक कार्यरत था जो रंगमंच में स्त्रियों के प्रवेश को अशोभनीय मानते थे। रंगमंच में महिलाओं के प्रवेश को लेकर अपने विचार रखते हुए 'चाँद' पत्रिका में प्रकाशित लेख "गृह पत्नी या कला देवी" में रामकृष्ण ने कहा कि—"क्या हमारी गृहणियाँ अभिनेत्री बनकर गृहस्थ, गौरव और दाम्पत्य के उत्तरदायित्व को उसी खुशी और तत्परता से वहन कर सकती हैं जो एक गैर अभिनेत्री के लिए सम्भव है ? हमारा प्रश्न यहीं समाप्त नहीं होता, इसमें दाम्पत्य जीवन की पवित्रता और पारिवारिक जिम्मेदारियों से भी बड़ी सांस्कृतिक निर्मलता का प्रश्न है।"[4] श्री ब्रजमोहन वर्मा भी इसी विचार के पक्षधर थे। उन्होंने 1931 में माधुरी पत्रिका में अपना मत प्रकट करते हुए लिखा है कि "रंगमंच पर स्त्रियों को स्थान दिलाने की अपेक्षा कहीं अधिक महत्वपूर्ण प्रश्न है कि क्या रंगमंच पर भले घर की ललनाओं का उतरना वांछनीय है ? कला की दृष्टि से मैं पहले ही स्वीकार कर चुका हूँ कि स्त्री की भूमिका स्त्री के द्वारा किया जाना निश्चय ही वांछनीय है। परन्तु क्या सदाचार, नैतिकता और चरित्र गठन आदि की दृष्टि से हमारी लड़कियों का नाटक कला में अभिनय करना वांछनीय एवं उचित है ? क्या रंगमंच पर ना थिरकने से ही हमारी देवियों की शक्तियाँ अविकसित होकर नष्ट हो रही है ? क्या थियटर में ही नाच कर स्त्रियों की शक्ति के अपव्यय को रोका जा सकता है ? संसार की कितनी महान स्त्रियों ने नाटक में अभिनय करके अपना विकास किया है ?"[5] सन् 1891 में आल्फ्रेड कम्पनी नामक नाट्य मंडली का प्रबन्धक सोहरा ओगरा ने भी स्त्री द्वारा रंगमंच पर अभिनय किए जाने का विरोध किया था। यहाँ तक कि उन्होंने कभी भी अपनी पत्नी या बच्चों को नाटक देखने आने की अनुमति नहीं दी। सन् 1933 में उनकी मृत्यु होने तक कम्पनी में अभिनेत्रियों का प्रवेश प्रतिबन्धित रहा। नाटक को नैतिक उत्थान का माध्यम माननेवाला प्रमुख समाज-सुधारक था के.एन. काबरा। सन् 1868 में उन्होंने एक नाटक क्लब की स्थापना की जो आगे चलकर सुप्रसिद्ध विक्टोरिया थियट्रिकल कम्पनी में परिवर्तित हो गई। उन्होंने एक अन्य नाटक कम्पनी की भी स्थापना की थी। यह कम्पनी उस समय के अभिनेता एवं कम्पनी मालिक दादी पटेल के विरोध में खोली गई थीं। विरोध का यही कारण था कि दादी पटेल ने विक्टोरिया कम्पनी के नाटकों में महिलाओं को अभिनय करने की अनुमति दी थी। ऐसे विचार रखनेवाले लोग रंगमंच के क्षेत्र में मात्र कुलस्त्रियों के प्रवेश को ही नहीं बल्कि वेश्याओं के प्रवेश को भी अशोभनीय मानते थे। उनके विचार में वेश्याओं की उपस्थिति से रंगमंच का भद्रलोक कलंकित हो जाएगा। वेश्याओं के रंगमंच पर आने का विरोध करनेवाले वही

बाबू लोग थे जिन्होंने अपने शौक के लिए कई वेश्याओं को रखैल बनाकर रखा हुआ था। वे निजी तौर पर उनके गाने और नृत्य के प्रशंसक थे परन्तु उन्हीं स्त्रियों के सार्वजनिक प्रदर्शन का वे खुले तौर पर विरोध कर रहे थे।

रंगमंच पर स्त्रियों के प्रवेश के पक्ष में बोलनेवालों में प्रमुख थे किरणचन्द्र दत्त, जो उस दौर के प्रमुख निर्देशक-नाटककार थे और बंगाल थियटर के साथ काम कर रहे थे। उन्होंने यूरोपियन थियटर को आधार बनाते हुए यह तर्क दिया था कि यूरोप में कई लोग गृहिणी महिलाओं को एक पेशे रूप में अभिनय को अपनाने के लिए प्रोत्साहित करते हैं। अत: हमें भी महिलाओं को अभिनय करने की स्वतन्त्रता देनी चाहिए। प्रमुख रंगकर्मी गिरीशचन्द्र घोष पुरुषों द्वारा स्त्री पात्रों की भूमिका निभाई जानेवाली प्रणाली के घोर विरोधी थे। उनके विरोध का और एक कारण भी था। उन्होंने लड़कों द्वारा स्त्रियों की भूमिका अदा किए जाने पर चिन्ता जाहिर करते हुए लिखा "जब लड़कों को लड़कियों की भूमिका करने के लिए नियुक्त किया जाता है तो न सिर्फ प्रदर्शन अकुशल होता है-बल्कि इसके कारण लड़कों में वह विकृति पैदा होती है जिसे ठीक होने में कठिनाई पैदा होती है। अपने युवाकाल के प्रारम्भ में ही स्त्रियों की भूमिका अदा करने के कारण वे जीवन भर कुछ ख़ास भंगिमाओं को साथ लेकर चलते हैं।"[6] श्री जयशंकर प्रसाद के विचार में भी रंगमंच पर स्त्रियों का प्रवेश आवश्यक था। हिन्दी रंगमंच के सन्दर्भ में वे ऐसा सोचते थे कि अभिनेत्रियों के अभाव ने ही हिन्दी रंगमंच को नहीं पनपने दिया। उनके शब्दों में "......किन्तु रंगमंचों की असफलता का प्रधान कारण है स्त्रियों का उनमें अभाव, विशेषत: हिन्दी रंगमंच के लिए।"[7]

सन् 1931 में हरपुरजान के कन्या गुरुकुल की कु.सत्यवती ने रंगमंच पर स्त्रियों के स्थान का सवाल उठाया और तत्कालीन रंग परिवेश के साथ सामाजिक परिवेश में स्त्रियों की स्थिति और भूमिका का अंकन किया। वरिष्ट रंग आलोचक श्री महेश आनन्द ने 'माधुरी' पत्रिका में छपे कु. सत्यवती के 'रंगमंच पर स्त्रियों का स्थान' शीर्षक लेख को हिन्दी रंगमंच का पहला स्त्री-विमर्श माना है। प्रस्तुत लेख में सत्यवती ने अपनी धार्मिक आस्था और विश्वास की सीमाओं में रहकर चौथे दशक की शुरुआत में ही यह महत्वपूर्ण प्रश्न उठाया था जबकि इस दशक तक तो लड़कों का भी थियटर में काम करना अच्छा नहीं समझा जाता था। ऐसे परिवेश में एक छोटे से इलाके की विदूषी ने पूछा कि हिन्दी रंगमंच पर स्त्रियाँ क्यों नहीं। इससे उत्तेजित होकर 'विशाल भारत' पत्रिका के सह-सम्पादक व्रजमोहन वर्मा ने रंगपरिवेश की स्थिति को

बदलने अथवा शौकिया थियटर में स्त्रियों के लिए स्थान बनाने के तरीके ढूँढ़ने के बजाए स्त्रियों को रंगमंच पर आने से ही मना कर दिया। उनका उद्देश्य लेखिका को गलत साबित करना ही था, क्योंकि उन्हें अपने घरों में आनेवाले खतरे का अनुभव हो रहा था।"[8] सत्यवती के लेख में अस्मिता की तलाश और अपनी भावनाओं को साझा करने के प्रयास में स्थितियों की आकांक्षाओं को व्यक्त किया गया था। सत्यवती का मत है कि—"जिस प्रकार जीवन स्त्रीत्व और पुरुषत्व इन दो भागों में विभक्त है तथा जीवन के हर कार्य में स्त्री और पुरुष दोनों को भाग लेना पड़ता है, उसी प्रकार कला के इस अंग नाटक में भी, जहाँ जीवन के सुख और दु:ख दोनों दिखाए जाते हैं, स्त्री और पुरुष दोनों को भाग लेना चाहिए।"[9] आगे वे बताती हैं कि—"मूंछ दाढ़ी मुड़ाए स्त्री-भेष में पुरुषों का रंगभूमि में आना हास्यास्पद तथा कला की दृष्टि से अपमानजनक है। पुरुष के लिए यह बात सर्वथा अस्वाभाविक होने के कारण यह एकदम असम्भव भी है कि वह सफलतापूर्वक स्त्री का पार्ट कर सके और वास्तविक भावों को लोगों के हृदयों पर अंकित कर सके। क्या यह सम्भव है कि पुरुष के मन में वहीं भावनाएँ उसी प्रकार ज़ोरों से आन्दोलित हो सकती हैं, जिस प्रकार स्त्री के मन में होती हैं ? पुरुष किसी बात को उस तरह महसूस नहीं कर सकता, जिस तरह स्त्री ; और जब हमारा हृदय ही किसी भावना के आवेग से प्रकम्पित न हो रहा हो, तब पर कैसे सम्भव होगा कि हम किसी दूसरे के मन पर प्रभाव डालने में समर्थ हों ? यह कला नहीं, कला का उपहास हैं। जब भावनाएँ झूठी या बनावटी होंगी, तब उनका प्रकाशन भी वैसा ही होगा। इसलिए कला की दृष्टि से स्त्री का रंगमंच पर आना आवश्यक है। यहाँ आकर वे बता सकती हैं कि वास्तव में कला में कितना सौन्दर्य है।"[10]

पारसी रंगमंच में भी महिलाओं के प्रवेश और उनकी भूमिका को लेकर काफी मतभेद रहे थे। कई तर्क-वितर्कों के उपरान्त ही इस क्षेत्र में महिलाओं का प्रवेश सम्भव हो सका था। पारसी रंगमंच के दौर में नाट्य प्रस्तुतियाँ देखने के लिए कई मध्यवर्गीय स्त्रियाँ अपने नाते रिश्तेदारों के साथ आया करती थीं। कम्पनी मालिक यह चाहते थे कि उनके यहाँ नाटक देखने ज़्यादा से ज़्यादा संख्या में महिलाएँ आए ताकि उनकी कम्पनी की प्रतिष्ठा बढ़ती रहे। किन्तु शर्त यही होती कि नाटक में वेश्याओं से अभिनय न कराए जाएँ और थियटर हॉल में स्त्रियों के बैठने की समुचित व्यवस्था हो। पारसी रंगमंच में पहला परिवर्तन तब हुआ जब 'मेरी फेंटन' नामक एक एंग्लो इंडियन अभिनेत्री ने रंगमंच पर प्रवेश किया था। मेरी फेंटन मूलत: आयरिश थी परन्तु भारत में निवास करती

आई थी। अपनी मातृभाषा की अपेक्षा उन्हें उर्दू भाषा पर अधिक अधिकार था। उनसे सम्बन्धित सभी लोग उन्हें 'मेहरबाई पारसी' नाम से पुकारते थे। कावस जी खटाऊ ने ही उन्हें तैयार करके रंगमंच पर उतारा था और देहली से मुम्बई लाए। बाद में उनके साथ विवाह भी किया। मेरी ने अंग्रेज़ी वेश-भूषा को त्यागकर पारसी वेश-भूषा सहर्ष स्वीकार की और जीवन-भर वहीं वेश-भूषा पहनी। डॉ. उमा शुक्ल बताती हैं कि—"मेरी में गज़ब की अभिनय शक्ति थी। जिस समय उन्होंने एक बनेनी का काम किया और बनेनी हिन्दू वेश-भूषा साड़ी, माथे पर बिन्दी, कसी हुई चोली, और बालों का जूड़ा, कानों में कुंडल आदि पहनकर वह रंगमंच पर आई तो प्रेक्षकवर्ग बड़ा ही प्रभावित हुआ। उनके उच्चारण भी शुद्ध थे। पारसी भूमिका में भी वह बड़ी सुन्दर लगती थी। मेरी ने उर्दू नाटकों में भी काम किया तथा गान विद्या द्वारा भी कीर्ति प्राप्त की।"[11] सन् 1891 में बम्बई में 'नॉवल्टी थियटर' में खेली गई 'भोलीगुल उर्फ़ गुलानी भूल', 'अलाउद्दीन उर्फ़ अजीबो गरीब चिराग', 'ताराखुर्शीद' आदि तीन नाटकों में नारी पात्र की भूमिका मिस मेरी फेंटन के द्वारा निभाई गई थी। सन् 1895 में 'गेचटी थियटर' में खेला गया 'कलयुग' नाटक में भी मेरी फेंटन ने भाग लिया था।

रंग इतिहासकार डॉ. चन्दूलाल दुबे मानते हैं कि "कावसजा खटाऊ ने मेरी फेंटन को रंगमंच पर प्रस्तुत कर रंगमंच पर अभिनेत्रियों के प्रवेश का द्वार खोल दिया। प्रारम्भ में बाजारू स्त्रियों ने इन कम्पनियों पर अभिनय करना प्रारम्भ किया। धीरे-धीरे माध्यम वर्ग की महिलाओं ने भी रंगमंच पर उतरने का साहस किया।"[12] वे यह भी मानते है कि "रंगमंच पर स्त्री-पात्रों के प्रवेश देने का श्रेय पारसी रंगमंच को ही है। अभिनय में स्वाभाविकता लाने की दृष्टि से यह सराहनीय कदम था।"[13] समकालीन रंग आलोचक डॉ. सुप्रिया पाठक भी इस विचार का पक्षधर है। उनके अनुसार "पारसी रंगमंच ही वह पहला रंगमंच था जिसने स्त्रियों के लिए अभिनय की ज़मीन तैयार की। यह तब की बात है जब स्त्रियों ने स्वयं को रंगमंच की दुनिया से बाहर रखा हुआ था, या शायद राखी गई थी।"[14] मेरी फेंटन के अलावा और भी कई अभिनेत्रियों ने पारसी रंगमंच पर काम शुरू किया। उनमें प्रमुख थी कज्जनबाई, गौहर बाई, मुन्नी बाई, सरस्वती देवी आदि। गायिका एवं अभिनेत्री के रूप में कज्जनबाई अत्यन्त लोकप्रिय थीं। लैला मजनू में लैला, शीरों-फरहाद में शीरी जैसी भूमिकाओं में वे अत्यन्त सफल हुई थीं। इसी प्रकार गौहर बाई नामक एक अभिनेत्री ने द्रौपदी और सीता की भूमिकाओं में काफी लोकप्रियता अर्जित की थी जो बाद में मोंडन

थियटर चली गई थी। अभिनेत्रियों में मुन्नीबाई का स्थान भी बहुत ही महत्वपूर्ण था। 'अल्फ्रेड थियटर' की मुख्य अभिनेत्री से लेकर बम्बई की बालीवाला थियटर तक इन्होंने अत्यधिक नाम कमाया था। अभिनेत्री के रूप में ये रंगून, इंग्लैंड तक अभिनय करने गई थीं। सरस्वती देवी पारसी थियटर कम्पनी की प्रसिद्ध हीरोइन थीं। इस कम्पनी के मालिक और निर्देशक फरदुन ईरानी ने जो कुछ भी यश प्राप्त किया था उसके मूल में इसी अभिनेत्री का नाम है। चरित्र अभिनय में ये अत्यन्त उल्लेखनीय थीं। इनके अलावा 'कोरेन्थियन कम्पनी' की शाखा 'केशरी थियटर' की हास्य-अभिनेत्री फलकुमारी, सुखलालजी कम्पनी की तारिका वज़ीहजहाँ, आल्फ्रेड कम्पनी की अभिनेत्रियाँ सुशीला बाई तथा रोशनआरा, कोरेनेशन थियट्रिकल कम्पनी, मिनर्वा थियटर और उत्तरकाल की कम्पनियों की अभिनेत्री रामदुलारी, मेडन थियटर्स की प्रख्यात अभिनेत्री पेशंस कपूर, बेगम अख्तर के नाम से मशहूर कोरोथियन थियटर के नाटक गाज़ी मुस्त्रफा कमाल की मुख्य अभिनेत्री अख्तरी फैज़ाबादी, उत्तरकाल की कम्पनियों की हीरोइन शकुन्तला देवी आदि के नाम इस सन्दर्भ में विशेष उल्लेखनीय है।

अभिनेत्रियों के अलावा पारसी रंगमंच में नृत्य एवं गायन का कार्यवहन करनेवाली महिलाएँ भी शामिल थीं। उनमें प्रमुख थी शरीफा बाई तथा मुन्नीबाई एवं लीलाबाई जो अल्फ्रेड थियटर में नृत्य एवं गायन का काम करती थीं। और एक नाम है जहाँआरा बेगम जो विविध कम्पनियों में अभिनय के साथ-साथ गायन भी करती थी। राजमणि का नाम भी विख्यात था, जो कोरेथियन केशरी कम्पनी और कावसजी थियटर की प्रमुख गायिका थी। इन सबके अलावा रहमूजान नामक एक महिला कलाकार का नाम भी पारसी रंगमंच के इतिहास में उल्लेखनीय है, जो पंजाब में नाटक मंडली चलाती थी। अपनी कम्पनी के 'महाभारत' नाटक में रहमू जान स्वयं दुर्योधन की भूमिका निभाया करती थी। पारसी रंगमंच पर स्त्री द्वारा पुरुष भूमिका का यह अपने ढ़ंग का अकेला दृष्टान्त हैं।

द्वितीय चरण

सन् 1940 के आसपास के समय के विशिष्ट राजनैतिक, आर्थिक, सांस्कृतिक एवं सामाजिक वातावरण ने रंगमंच के क्षेत्र को भी प्रभावित किया। इस समय में रंगमंच की सम्भावनाओं के प्रति रंगकर्मी सजग होने लगे। फलस्वरूप तत्कालीन रंगमंच प्रतिबद्ध चेतना से ओत प्रोत हो गया। इसमें समय-सापेक्ष कलात्मक अनुभूति एवं लोकपरता भो जुड़ने लगी। इप्टा (इंडियन पिपिल्स

थिएटर असोसीएशन) तथा पृथ्वी थिएटर जैसी दो विशेष रंग-संस्थाओं की स्थापना ने पूरे भारतीथ रंगमंच के परिदृश्य को एक नई चेतना से भर दिया। सन् 1940 के बाद का समय भारतीय रंगमंच के लिए एक ऐसा महत्वपूर्ण समय भी रहा है जबकि रंगमंच के क्षेत्र में एक विशेष प्रकार की स्त्री-चेतना का उदय देखने को मिलता है। डॉ. सुप्रिया पाठक के शब्दों में—"1930 के पश्चात् राष्ट्रीय आन्दोलन में भी वामपन्थ की गूँज सुनाई देने लगी जिसके उपरान्त जनवादी आन्दोलनों का दौर शुरू होता है। भारत में आज़ादी से पहले कई ऐसे जनवादी आन्दोलन खड़े हुए जिनसे जनवादी रंगकर्म, विशेषत: नुक्कड़ नाटक लेखन को बल मिला और इन नाटकों ने भी कई आन्दोलनों में अपना यथासम्भव सहयोग दिया। धीरे-धीरे ही सही अब प्रगतिशील विचारोंवाले परिवारों में स्त्रियों के रंगमंच पर अभिनय करने को लेकर जड़ता की स्थिति नहीं रह गई।"[15] इस समय में स्त्रियाँ अपने परिवार का परिपालन करने के साथ-साथ सामाजिक जिम्मेदारी भी अच्छे ढ़ंग से निभाने लगी। सामाजिक सक्रियता को दर्शाती हुई स्त्रियाँ रंगमंच के क्षेत्र में भी अपनी भागीदारी देती रही। स्त्री की समस्याओं एवं समाज में स्त्री की दोयम स्थिति आदि मुद्दों को विषय-वस्तु बनाकर कई रंगमंचीय प्रस्तुतियाँ भी सामने आई। कई स्त्रियाँ अभिनय-कला को एक प्रोफशन के रूप में स्वीकारने लगी। इप्टा, पृथ्वी थियटर जैसे हिन्दी क्षेत्रों में स्थापित विभिन्न रंगमंडलियों ने अव्यावसायिक एवं अर्द्धव्यावसायिक रूप में सामाजिक मुद्दों पर केन्द्रित नाट्य-प्रदर्शनों का रूपायन करने लगे। इनमें महिला मुद्दों को केन्द्र बनाकर रूपायित किए गए नाट्य-प्रदर्शनों ने समाज में प्रचलित स्त्री-विरोधी मानसिकता को बदलने का प्रयास किया। इसके साथ-साथ आर्थिक समस्याएँ, सामाजिक असमानताएँ सर्वहारा वर्ग के जीवन एवं संघर्ष, राजनैतिक उथल-पुथल आदि विभिन्न मुद्दों को रंगमंच के माध्यम से समाज के सामने प्रस्तुत करते हुए जनता को जागृत कराने का महत्वपूर्ण कार्य किया जाने लगा। इस सामाजिक जिम्मेदारी को अपने कन्धों में लेती हुई व्यापक तौर पर स्त्रियाँ रंगमंच के विभिन्न पहलुओं में उपस्थित होने लगीं।

भारतीय रंगमंच के इतिहास को परखने पर पता चलता है कि अतिरंजनापूर्ण व्यावसायिक पारसी थियटर के मुकाबले सन् 1943 में देश के प्रगतिशील एवं जागरूक कलाकारों-साहित्यकारों द्वारा नई चेतना और जागृति लाने के उद्देश्य से 'भारतीय जन नाट्य संघ' (IPTA) की स्थापना की थी। द्वितीय विश्वयुद्ध के पश्चात् की परिवर्तित सामाजिक एवं राजनीतिक परिस्थिति में एक नई सांस्कृतिक पहचान के निर्माण हेतु सामाजिक परियोजना के तौर पर साम्यवादी

दल की सांस्कृतिक इकाई के रूप में 'इप्टा' का गठन किया गया था। इप्टा का पहला प्रयास यह था कि एक ऐसे नए थियटर का निर्माण जो मुख्यधारा के थियटर की अपेक्षा अधिक यथार्थपरक हो। युद्धकालीन परिस्थितियाँ, देश के विभिन्न भागों में व्याप्त अकाल, आर्थिक बाधाएँ और सर्वव्यापी आतंक, इन सभी की दुरन्तपूर्ण परिस्थितियों ने इप्टा के जनवादी रंगकार्यों को अत्यन्त प्रासंगिक बना दिया था। वरिष्ठ रंग आलोचक जयदेव तनेजा के अनुसार "इप्टा के प्रदर्शनों का कलात्मक स्तर चाहे ऊँचा न रहा हो, लेकिन समकालीन समस्याओं को रेखांकित करने, जनरुचि का परिष्कार करने तथा रंगकर्म को लोकप्रिय बनाने में इसका योगदान निश्चय ही उल्लेखनीय है।"[16] कला को जनोन्मुखी बनाने, तत्कालीन वैश्विक परिस्थितियों के प्रति जनता को कला के माध्यम से जागृत करने एवं संघर्ष के आह्वान के प्रयासों के साथ इप्टा का बड़ा योगदान सार्वजनिक स्पेस में महिलाओं को आगे लाना भी था। श्रीमती शर्मिष्ठा साहा के अनुसार "इप्टा महिलाओं के लिए एक ऐसा सांस्कृतिक चबूतरा रहा जहाँ पहली बार महिलाओं को रंगमंचीय कलाकार के रूप में स्वीकृति प्राप्त हुई थी।"[17] इप्टा ने अपनी प्रथम थियटर परियोजना 'नवान्न' में दो अभिनेत्रियों—तृप्ति मित्रा और शोभा सेन—को शामिल किया था। इनका प्रचार अलग किस्म की अभिनेत्रियों के रूप में हुआ था। ये दो प्रवीण अभिनेत्रियाँ बाद में दो प्रमुख नाट्य संघों की सह-आयोजक बन गई थी, जो नाट्य-संघ धीरे-धीरे एक दूसरे में विलीन हो गए थे। इनके साथ-साथ चालीस के दशक में ज़ोहरा सहगल, गुल वर्द्धन, दीना पाठक, शीला भाटिया, शान्ता गांधी, रेखा जैन, रेवा रॉय, रूबी दत्त, दमयन्ती साहनी, उषा रशीद जहाँ, गौरी दत्त, प्रीती सरकार आदि चर्चित अभिनेत्रियाँ भी इप्टा से सम्बद्ध थीं। इप्टा से जुड़ी स्त्रियाँ अन्य कई रंग मंडलियों की अभिनेत्रियों के समान रंगमंच को अपना पेशा मात्र स्वीकार करनेवाली नहीं थीं, बल्कि अपनी सामाजिक तथा राजनीतिक सक्रियता के दौरान ही वे रंगमंच के क्षेत्र में उतर आई थीं। ज्यादातर महिलाएँ ऐसे परिवारों के सदस्य थीं जो काफी उदार तथा कम प्रतिबन्धक थे। ऐसे परिवारों के बुजुर्ग लोग अपने परिवार की लड़कियों को उच्च शिक्षा के लिए भेजने में संकोच नहीं करते थे। शीला भाटिया कहती है कि उनके घर में लड़कों और लड़कियों की परवरिश में कोई अन्तर नहीं था। भोजन, कपड़े और शिक्षा के कार्य में कोई भेदभाव नहीं था। इसी प्रकार दीना गांधी का कहना है कि "वे एक ऐसे परिवार की सदस्य थी जहाँ उनके दादाजी जो प्रधानाध्यापक थे एक प्रगतिशील व्यक्ति थे और चाहते थे कि उनके घर की महिलाएँ शिक्षित हो।"[18] सामाजिक व

सांस्कृतिक परिवेश में जो परिवर्तन उस समय भारत में हो रहे थे उसके प्रभाव ने कई महिलाओं को रंगमंच से जुड़ने का रास्ता आसान कर दिया। फिर भी इप्टा में सक्रिय महिलाओं का जीवन थोड़ा संघर्षपूर्ण था। उस समय के माहौल में व्यावसायिक रंगमंच कम्पनियों में काम करनेवाली स्त्रियों की सामाजिक स्थिति निम्न होती थी। फिर भी इप्टा से जुड़ी स्त्रियों ने अपनी इच्छाओं के अनुसार मुक्त स्पेस में काम किया। लेकिन इनकी स्वीकार्यता सहज नहीं थी। इन्हें अपने सामाजिक सांस्कृतिक परिवेश से भी संघर्ष करना पड़ा था। इप्टा की महिलाओं के सम्बन्ध में शोध करनेवाली लता सिंह कहती हैं—"ये महिलाएँ राजनीति के रास्ते संस्कृति में आए, जब संस्कृति और राजनीति जुड़ती है तो ये ताकत मिलती है। इनके पुरुष साथियों ने भी मदद की। सबसे बड़ी खूबी थी कि सम्भ्रान्त परिवार की इन महिलाओं ने कम्फर्ट ज़ोन त्यागकर संघर्ष की इस प्रक्रिया में अपने को डीक्लास भी किया।"[19] इप्टा की महिलाओं को न सिर्फ अपने परिवार और संस्कार की दहलीज़ लांघना एक बड़ी चुनौती थी, बल्कि इस नए माहौल में रहना और गुज़ारना भी कम चुनौतिपूर्ण नहीं था। इस परिवेश में उन्हें पुरुषों के साथ कन्धे से कन्धा मिलाकर काम करना था। यहाँ प्राइवेसी या निजी स्पेस की कोई अवधारणा ही नहीं थी। इप्टा के पहले दौर में महिलाओं की सक्रियता प्रस्तुतियों में अपेक्षाकृत अधिक रही। इप्टा के द्वारा मंचित किए गए नाटकों में औपनिवेशिक काल के दौरान होनेवाले स्त्रियों के शोषण तथा स्वाधीनता आन्दोलन में उनकी सहभागिता मुख्य रूप से उभर आई थी। हालांकि ये सभी कथानक राष्ट्रवाद के इर्द-गिर्द ही बुने जा रहे थे। नाटककार, स्त्रियों के प्रति होनेवाली हिंसा को समुदाय अथवा राष्ट्र की प्रतिष्ठा के प्रति हो रही हिंसा के साथ जोड़कर देख रहे थे। दूसरे उन्होंने महिला कार्यकर्ताओं की छवि को उस बलिदानी रूप में प्रस्तुत किया जिसमें राष्ट्र की रक्षा के लिए वे अपने प्राण भी न्यौछावार करने को तैयार थी।

पृथ्वी थियटर की स्थापना भारत के प्रख्यात तथा लोकप्रिय अभिनेता व रंगकर्मी पृथ्वीराज कपूर ने 15 जनवरी 1944 को किया। इसके द्वारा पृथ्वीराज कपूर तथा अन्य रंगकर्मियों ने भारतीय रंगमंच को एक राष्ट्रीय स्वरूप प्रदान किया, साथ ही इप्टा के साथ सहयोग की नीति अपनाते हुए रंगकर्म की सामाजिक भूमिका को भी पहचाना और स्पष्ट किया। वरिष्ठ रंग समीक्षक श्रीमती गिरीश रस्तोगी के शब्दों में "पृथ्वी थियटर का उदय एक ठोस कदम था—शुद्ध व्यावसायिक और भ्रमणशील मंच जिसने पारसी रंग—शैली से हटकर, सिनेमा से होड़ करते हुए नई रंग-कला, अभिनय का

आदर्श, तलाशकर नई शैली-शिल्प के नाटक लिखवाए और बिना समझौता किए व्यावसायिक मंच का उदाहरण प्रस्तुत किया।"[20] इप्टा के समान पृथ्वी थियटर में भी महिलाओं ने सक्रिय भूमिका निभाई है। पृथ्वीराज कपूर ने जब सन् 1945 में मंडली का पहला नाटक 'शकुन्तला' का मंचन किया तब उसमें मुख्य पात्र शकुन्तला की भूमिका प्रसिद्ध अभिनेत्री अज़रा मुमताज़ ने की थी। मंडली की मुख्य अभिनेत्रियों में बहनें जोहरा सहगल तथा उजारा भट्ट प्रमुख थीं जिनका पूरा जीवन कला को समर्पित था। नृत्याँगना, रंगमंचीय एवं फ़िल्मी कलाकार जोहरा सहगल ने 14 साल पृथ्वी थियटर में काम किया। पृथ्वी थियटर में अपने प्रवेश के बारे में ज़ोहरा जी अपनी आत्मकथा 'करीब से' में लिखती हैं कि—"मैंने पृथ्वीराज जी से गुज़ारिश की कि वे मुझे अपनी कम्पनी में शामिल कर लें। वे ऐसा नहीं करना चाहते थे, उनका कहना था कि वे मुझे तनख्वाह देने की हालत में नहीं हैं और वैसे भी मेरे लिए अपनी ही छोटी बहन के नीचे दर्जे में काम करना मुश्किल होगा, जो कि कम्पनी की मुख्य नायिका थी, लेकिन मैं अपनी ज़िद पर अड़ी रही और थियटर करने के लिए इतनी आतुर थी कि एक दिन कामेश्वर (पति) और मैं पृथ्वीराज जी से मिलने उनके घर माहूँगा पहुँच गए। कामेश्वर ने उनसे कहा—"जब तक ज़ोहरा को अपनी कम्पनी में शामिल नहीं करेंगे वो मुझे चैन से नहीं रहने देगी। पृथ्वीराज जी का स्वभाव ऐसा था कि वे कभी किसी को मना कर ही नहीं सकते थे, सो उन्होंने कहा कि ठीक है जब तक मेरे लायक अभिनय का कोई मौका नहीं निकलता मैं कम्पनी में डांस-डायरेक्टर की जिम्मेदारी सम्भाल सकती हूँ। मैंने अक्तूबर, 1945 में औपचारिक रूप से पृथ्वी थियटर में कदम रखा।"[21] इस तरह अपनी अदम्य इच्छा के कारण से ही जोहरा जी पृथ्वी थियटर में कदम रखी। अपनी बहन उजरा भट्ट को भी रंगमंच पर लाने का श्रेय ज़ोहरा जी को ही है। इनके साथ और भी अभिनेत्रियाँ पृथ्वी थियटर से जुड़ी हुई थी जिनमें इन्दुमती, सतीदेवी, पुष्पा, कुलदीप, रानी आज़ाद, एरमेलीन, दिलशाद, कुमुद, शौकत कैफ़ी, कुमुदिनी, रज़िया, लीला आदि प्रमुख थीं जिन्होंने पठान, गद्दार, किसान, पैसा, कलाकार, आहुति जैसे नाटकों में अपनी-अपनी भूमिकाएँ बड़ी सफलता से निभाई थीं। ज़ोहरा सहगल और उजरा भट्ट ये दोनों अभिनेत्रियाँ होने के साथ-साथ नाटकों में कला निर्देशन तथा नृत्य निर्देशन में भी अग्रणी थीं। पृथ्वीराज कपूर के निधन के बाद इस थियटर ग्रूप का कार्यभार सम्भालनेवालों में दो महिलाओं का नाम उल्लेखनीय है—पहली पृथ्वीराज का बेटा शशि कपूर की पत्नी जेन्निफर कपूर तथा दूसरी जेन्निफर और शशि की बेटी संजना कपूर।

संजना कपूर ने अपने माता-पिता और दादा की परम्परा को आगे बढ़ाने के लिए अकेले ही पृथ्वी थियटर्स के यश को वापस लाने का प्रयास किया है। न्यूयॉर्क के हर्बर्ट बर्गफ स्टूडियो से थियटर स्टडीस में कोर्स पूरा करने के बाद लौटकर उन्होंने पूरा समय थियटर के लिए सौम्पा। संजना जी के शब्दों में "मैं न्यूयॉर्क गई, हर्बर्ट बर्गफ स्टूडियो में नौ महीने का कोर्स किया ड्रामा का। यह जीवन का बहुत बड़ा और दिलचस्प अनुभव था। यहाँ सारे टिचर्स प्रोफेशनल थे। वहाँ एक ख़ास बात यह थी कि प्रोफेशनल एक्टर्स भी हमें पढ़ाते थे। भारत लौटने के बाद महसूस किया कि मैं थियटर ही करना चाहती हूँ, भले ही इसमें संघर्ष करना पड़ें। दादा जी (पृथ्वीराज कपूर) ने पूरे भारते में घूमकर थियटर किया था। उन्हें विश्वास था कि थियटर से समाज में जागरूकता आएगी, इसमें अथाह ताकत हैं। थियटर में आप सीधे संवाद करते हैं, जो फिल्मों में सम्भव नहीं है।"[22]

इस प्रकार भारतीय, विशेषकर हिन्दी रंगमंच में महिलाओं की सजीव उपस्थिति स्थापित करने में इप्टा तथा पृथ्वी थिएटर दोनों की भूमिका अत्यन्त महत्वपूर्ण है। एक ओर रंगमंच की परिवर्तनकारी शक्ति को पहचानती हुई अनेक महिलाएँ सक्रियता के साथ इप्टा से जुड़कर अपनी सामाजिक जिम्मेदारी निभाती रही तो दूसरी ओर पृथ्वी थिएटर से जुड़नेवाली महिलाएँ रंगकर्म को अपना प्रोफेशन स्वीकार करती हुई रंगकर्मी महिलाओं की प्रचालित हेय छवि तथा निचली सामाजिक स्थिति को चुनौती देती रही। इन महिलाओं ने रंगमंच के पुरुष-केन्द्रित माहौल में अपनी सजीव उपस्थिति स्थापित करने के लिए कई कठिनाइयाँ तो अवश्य झेली थी। फिर भी उस समय की नई सांस्कृतिक परिस्थितियों से उत्पन्न नवीन रंग-परिवेश में महिलाओं की भागीदारी बढ़ गई तथा नाट्य-प्रस्तुतियों की विषय वस्तुओं के रूप में विभिन्न स्त्री मुद्दे प्रयुक्त होने भी लगे। परन्तु इन नवीन रंगमंचीय गतिविधियों में स्त्रियों की मौजूदगी रहने पर भी रंगमंचीय प्रस्तुतियों की रूप-संरचना में स्त्रीपक्षीय सौन्दर्य दृष्टि एवं स्त्री अस्मिता की सही अभिव्यक्ति की कमी रह गई।

भारतीय रंगमंच के इतिहास में 'तोषिलकेन्द्रत्तिलेक्क' नामक केरल की महिला नाट्य प्रस्तुति का अपना अद्वितीय स्थान है। पूर्ण रूप से महिलाओं द्वारा रचित, निर्देशित एवं अभिनीत केरल का पहला नाटक है 'तोषिलकेन्द्रत्तिलेक्क', जिसका प्रस्तुतीकरण अन्तर्जनसमाजम् नामक केरलीय ब्राह्मण (नम्पूतिरी) महिलाओं के दल के तत्त्वावधान में हुआ था। स्त्रीपक्षीय विचारों से प्रभावित इस नाटक की प्रस्तुति सन् 1948 में हुई थी। नम्पूतिरी समुदाय की स्त्रियों के जीवन के यथार्थ और उनके द्वारा झेली जानेवाली समस्याओं को मार्मिक ढ़ंग से

अभिव्यक्त करनेवाली यह नाट्य-प्रस्तुति निश्चित रूप से ऐतिहासिक महत्त्ववाली है। इस नाट्य-प्रस्तुति ने इतिहास के पन्नों में इसलिए स्थान प्राप्त किया है कि इससे जुड़ी स्त्रियों ने पुरुष-सत्ता को चुनौती देते हुए सदियों से अपने ऊपर थोपी गई रूढ़ियों के बन्धन को तोड़कर बाहर आने का क्रान्तिकारी कदम उठाया था। घर-परिवार तथा रसोई घर के चार दीवारी के भीतर तड़पनेवाली नम्पूतिरी स्त्रियों की पीड़ाएँ एवं संघर्ष को यथार्थवादी ढ़ंग से अभिव्यक्त करनेवाला यह नाटक स्त्रियों की आर्थिक सबलता पर बल देता है। इस नाटक की रचना एवं निर्देशन किसी एक स्त्री के द्वारा नहीं हुई थी बल्कि यह एक सामूहिक प्रयास का परिणाम था। पार्वती मनेषी, आर्या पल्लम्, देवकी नरिक्काट्टीरी, पत्तियिल प्रियदत्ता, सरस्वती अन्तर्जनम आदि स्त्रियाँ इस नाटक के रूपायन में प्रमुख है। इस नाटक के सम्बन्ध में प्रमुख विचारक एवं नाट्येतिहासकार सजिता मठत्तिल ने यों व्यक्त किया है कि—"तोषिलकेन्द्रत्तिलेक्क नाटक की प्रासंगिकता इसलिए है कि यह नाटक आधुनिक स्त्री के मानसिक संघर्षों को सशक्त रूप से चित्रित करनेवाला है। अपनी स्वतन्त्रता एवं अधिकारों का हनन करनेवाले परिवार के माहौल को चुनौती देनेवाली स्त्री पात्रों को प्रस्तुत करनेवाले इस नाटक में स्त्रियों के सार्वजनिक जीवन, स्त्री-मुक्ति आन्दोलन आदि मुद्दों को भी शामिल किया गया है।"[23]

भारत में रंगमंच को लेकर व्यापक स्तर पर सजगता सन् 1950 के बाद ही हुआ। स्वतन्त्र भारत की सांस्कृतिक-सामाजिक और राजनैतिक परिस्थितियाँ एक देशी रंगमंच की मांग करने लगी थी। छठे दशक में पहुंचते-पहुंचते रंगमंच सम्बन्धी धारणाओं एवं विचारों में परिवर्तन होने लगा तथा नवीन रंगमंचीय आयामों के अन्वेषणों से नाट्य-दृष्टि और रंग-बोध का परिष्कार भी होने लगा। मशहूर रंगकर्मी श्री. इब्राहिम अल्काज़ी ने स्पष्ट ही बताया है कि—"भारतीय रंगमंच के विकास में छठा दशक अनेक कारणों से बहुत ही समृद्ध और महत्वपूर्ण कालों में एक माना जाएगा। सबसे स्पष्ट और सबसे प्रमुख कारण यही कि इन वर्षों में रंगकला की आनिशंगिक शाखाओं-नाट्य-लेखन अभिनय, निर्देशन, मंच-परिकल्पना एवं प्रकाश-व्यवस्था ने प्रतिभाओं के ज़रिए प्रौढ़ता प्राप्त कर ली। यह व्यापक उत्कर्ष आकस्मिक नहीं था, क्योंकि इसके पीछे धीमे लेकिन और समर्पित प्रयत्न के दस-पन्द्रह वर्ष है।"[24] सन् 1950 के बाद जब रंगमंच में नया जागरण का सूत्रपात हुआ तो बहुत से विचारवान रंगकर्मियों ने प्रशिक्षण की सुविधाओं की कमी और आवश्यकता को अनुभव किया और इसके लिए मांग भी होने लगी। इसके फलस्वरूप सरकार की तरफ से

रंगकर्म को प्रोत्साहन देने के लिए कई उपाय किए गए जिससे रंगमंच के क्षेत्र में सक्रियता बढ़ी। छठे दशक में राष्ट्रीय संगीत नाटक अकादमी तथा उसके अन्तर्गत राष्ट्रीय नाट्य विद्यालय की स्थापना से सारे देश की नाट्य-प्रतिभाएँ एक साथ आईं। राष्ट्रीय नाट्य विद्यालय की स्थापना से रंगमंच के क्षेत्र में एक नए अध्याय का सूत्रपात हुआ तथा रंगकर्म को गौरव के साथ देखा जाने लगा। राष्ट्रीय नाट्य विद्यालय ने सम्पूर्ण भारतीय रंगकला को उजागर कर उसे राष्ट्रीय स्वरूप देने का प्रयत्न भी किया।

छठा दशक इस कारण से भी महत्वपूर्ण माना गया है कि इस समय में पहले से भी अधिक व्यापक रूप में महिलाएँ रंगमंच के क्षेत्र में उतर आईं। इप्टा तथा पृथ्वी थियटर के अलावा स्वातन्त्र्योत्तर भारत में और भी कई नाट्य मंडलियों से ऐसी अनेक महिलाएँ जुड़ी हुई थी जिन्होंने अपने छोटे-छोटे प्रयासों के द्वारा भारतीय रंगमंच को जीवन्त रखने में महत्वपूर्ण भूमिका निभाई है। उनमें श्री. कमलादेवी चट्टोपाध्याय का नाम उल्लेखनीय है, जो समाज सुधारक एवं लेखिका होने के साथ-साथ श्रेष्ठ रंगकर्मी भी थीं। छठे दशक में संगीत नाटक अकादमी, एशियन थियटर इंस्टिट्यूट और राष्टीय नाट्य विद्यालय जैसी कला-नाट्य संस्थाओं को साकार करने में उन्होंने जो भूमिका अदा की है, वह अत्यन्त महत्वपूर्ण हैं। उनके द्वारा स्थापित भारतीय नाट्य संघ (इंडियन नॅशनल थियटर) जो अखिल भारतीय संस्था थी, ने अपनी विभिन्न शाखाओं के कार्य के माध्यम से छठे दशक के प्रारम्भिक वर्षों में पहली बार प्रादेशिक स्तर पर अव्यावसायिक रंगमंच को संगठित करने का कार्य किया। सन् 1950 के आसपास श्रीमती शीला भरतराम ने कमलादेवी चट्टोपाध्याय और नन्दिता कृपालिनी के साथ मिलकर श्रीराम सेंटर फॉर आर्ट एंड कल्चर की स्थापना की, जो भारतीय रंगमंच के विशेषकर हिन्दी रंगमंच के इतिहास में उल्लेखनीय है।[25] उसी समय में श्रीमती शीला भाटिया ने श्री बलवन्त गार्गी के सहयोग से दिल्ली आर्ट थियटर की स्थापना की जिसमें अधिकतर संगीतक प्रस्तुत हुआ करते थे।

स्वतन्त्र भारत में रंगमंच की नींव रखनेवाली महिला रंगकर्मियों में बेगम कुदेसिया जैसी का नाम अद्वितीय है। पचास के दशक में जहाँ कमलादेवी चट्टोपाध्याय संगीत नाटक अकादमी, एशियन थियटर इंस्टिट्यूट और एन.एस. डी. जैसी संस्थाओं को साकार करने में लगी थी वहीं, उनकी सहेली बेगम कुदेसिया स्वतन्त्र भारत की पहली पेशेवर थियटर कम्पनी का सपना देख रही थीं। बेगम कुदेसिया जैदी ने इस्पात टाउन, कोयला व पत्थर खदान के इलाकों, औद्योगिक शहरों, रेलवे यार्ड और हर उस जगह नाटक किए जहाँ नए

तरीके के नाटकों के दर्शक होते थे।[26] उन्होंने सन् 1954 में श्री हबीब तनवीर की सहायता से हिन्दुस्तानी थियटर की स्थापना की। इस संस्था द्वारा चेखव, दस्तयोवस्की, ब्रेख्त के नाटकों की प्रस्तुति के साथ-साथ भारतीय रंगमंच के निजी स्वरूप को खोजने का प्रयास करने के उद्‌देश्य से शास्त्रीय नाटकों को भी मंचित किया गया। कालिदास का शाकुन्तल, शूद्रक का मृच्छकटिक आदि के रूपान्तर इसकी महत्वपूर्ण प्रस्तुतियाँ रहीं हैं। उस ज़माने की सक्रिय एवं लोकप्रिय रंगकर्मी थी शान्ता गांधी, जिन्होंने ही पहली बार भास के संस्कृत नाटकों को मंच पर पुनर्निर्मित करने का ऐतिहासिक प्रयास किया था।[27] सन् 1965-66 में उन्होंने भास के मध्यम व्यायोग तथा ऊरुभंग आदि नाटकों का प्रस्तुतीकरण किया, जो कावालम नारायण पणिक्कर और रतन थियम जैसे मशहूर रंगकर्मियों के प्रस्तुतीकरण के बिलकुल एक दशक पूर्व में था। बाद में शान्ता जी ने मुद्राराक्षस, भगवदज्जुक आदि संस्कृत नाटकों का भी निर्देशन करके हिन्दी में उन्हें प्रस्तुत करने का कदम उठाया। उनका नाम इसलिए भी महत्वपूर्ण है कि उन्होंने श्री जयशंकर प्रसाद के नाटकों, जिन्हें विद्वान अरंगमंचीय मानते थे, के भी मंचन सफलतापूर्वक किया। बिजया मेहता मुम्बई में तथा शैलजा भाटिया दिल्ली में मशहूर निर्देशिका के तौर पर उभरी। रोशन अल्काजी उस ज़माने में वेशभूषा विशेषज्ञ थी, जो लंडन से कोस्ट्यूम डिजाईन सीख कर आई थीं। उन्होंने वरिष्ठ निर्देशक इब्राहीम अल्काजी से शादी की तथा रंगकर्म में उनका सहयोग देती हुई अपना पूरा जीवन कला को समर्पित किया। उन्होंने 70 से अधिक नाट्य प्रस्तुतियों के लिए कोस्ट्यूम डिजाईन का कार्य किया। यहाँ तक कि नया थियटर जैसी नाट्य कम्पनियाँ, जिनके साथ आम तौर पर हबीब तनवीर का नाम जोड़ा जाता है, वह भी मोनिका मिश्रा तनवीर के अथक प्रयासों एवं उनके कुशल प्रबन्धन संयोजन के बिना खड़ा न हो पाता। जन नाट्य मंच का सदस्य श्री सुधन्वा देशपांडे के शब्दों में—"नया थियटर, जिसे भारतीय रंगमंच का क्रान्तिकारी स्वरूप कहा जा सकता है, की स्थापना मोनिका मिश्रा के प्रयत्न की वजह से ही साकार हो उठी थी। थियटर कम्पनी का पूरा संचालन उन्होंने ही सफलतापूर्वक निभाई थी। अभिनेताओं तथा अभिनेत्रियों के लिए वे बिलकुल प्रेरणादायक भी रही थी।"[28] उस नाट्य कम्पनी में तीन और महिलाएँ भी रही है, जिनके नाम उल्लेखनीय है। कलाकार के रूप में फिदाबाई तथा गायिका के रूप में मालाबाई और नगीन तनवीर।

राष्ट्रीय नाट्य विद्यालय से निकले स्नातकों में अनेक ऐसी महिलाएँ है जिन्होंने देश-विदेश में अभिनय, निर्देशन तथा नाटक फिल्म से सम्बन्धित

अन्य क्षेत्रों में कई स्थान प्राप्त किए हैं। रोहिणी हटंगड़ी, उत्तर बावकार, सुरेखा सीकरी, अमाल अल्लाना, प्रेमा कारन्त, किरण खेर, हिमानी शिवपुरी, कविता चौधरी, नादिरा बब्बर, अनीता कंवर, त्रिपुरारी शर्मा, कीर्ति जैन, दीपा मेहता, सीमा बिश्वास आदि अनेक नाम हैं जिन्होंने भारतीय रंगमंच को समृद्ध करने में महत्वपूर्ण भूमिका निभाई हैं। आज़ादी के उपरान्त कई अभिनेत्रियों यथा-तृप्ति मित्रा, शोभा सेन, केतकी दत्ता, सुलभा देशपांडे, सुधा शिवपुरी, सुरेखा सीकरी, सुनीला प्रधान, सोना चातार्जी, कृष्णा मिश्रा, स्वरूपा कुमारी, कमला पंजानी, मीरा शर्मा, कुंकुम टंडन, सुमन श्रीवास्तव, रमा पांडे, इला पांडे, ऊर्मिला नागर, कुमारी मधु, बेला, प्रमीला गुप्ता, साधना गुप्ता, दीपिका इत्यादि ने नाटकों में पुरुषवादी मानदंडों से परे जाकर महत्वपूर्ण भूमिकाएँ निभाई। उस दौर में सिर्फ अभिनेत्रियाँ ही नहीं रह गई थी बल्कि महिला निर्देशिकाओं का भी एक समूह उभर रहा था, जिनमें शान्ता गांधी, कमला देवी, मोनिका मिश्रा आदि के अलावा विजया मेहता, ज्वॉय मिशेल, उषा गांगुली, रेखा जैन, प्रतिभा अग्रवाल, बी.जयश्री, कीर्ति जैन, नीलम मानसिंह, माया राव, अनुराधा कपूर, अनामिका हक्सर, त्रिपुरारी शर्मा, अमाल अल्लाना इत्यादि नाम भी उल्लेखनीय हैं। इन्होंने न सिर्फ मंचन प्रक्रिया को नया आयाम दिया बल्कि भारतीय रंगमंच को कई महत्वपूर्ण नाटक भी प्रदान किए। स्वातन्त्र्योत्तर समय में नाट्य रचना के क्षेत्र में भी स्त्रियों का महत्वपूर्ण योगदान रहा है। उनमें से मन्नू भंडारी, मृणाल पांडेय, त्रिपुरारी शर्मा, उषा गांगुली, मीरा कान्त, मधु धवन, गिरीश रस्तोगी, विभा रानी, नादिरा बब्बर, आदि ने अपनी रचनाओं के माध्यम से भारतीय रंगमंच को परिपुष्ट किया।

जन नाट्य मंच ने अपने शुरुआती दिनों से ही लिंग-आधारित भेद-भाव के प्रति आम जनता के बीच चेतना जागृति का कार्य प्रारम्भ कर दिया था। इसी क्रम में उसने 'औरत' नामक नुक्कड़ नाटक खेला था। सफ़दर हाशमी की मृत्यु के बाद जनम का संचालन उनकी पत्नी एवं प्रसिद्ध रंगकर्मी मालाश्री हाशमी ने किया था। जब दिल्ली से सटे साहिबाबाद के झंडापुर गाँव में गाज़ियाबाद नगरपालिका चुनाव के दौरान नुक्कड़ नाटक 'हल्ला बोल' का प्रदर्शन किया जा रहा था तभी जनम के समूह पर इंडियन नेशनल कांग्रेस पार्टी से जुड़े कुछ लोगों ने हमला किया और सफ़दर हाशमी की हत्या की गई। इस घटना के दो दिन बाद सफ़दर हाशमी की पत्नी मालाश्री हाशमी ने जनम मंडली को लेकर उसी जगह पर अधूरा पड़ा हल्ला बोल का प्रस्तुतीकरण फिर से करने का साहस किया था, जहाँ सफ़दर हाशमी शहीद हुए थे। बाद में मालाश्री जी ने ही उस मंडली को आगे बढ़ाया।

आधुनिक भारतीय रंगमंच में महिलाओं की उपस्थिति पर विचार करने से यह बात स्पष्ट हो जाती है कि भारतीय रंगमंच में स्त्रियों की स्थिति-उपस्थिति का निर्धारण सांस्कृतिक मान्यताओं, नैतिक मूल्यों तथा पुरुषों के साथ स्त्रियों के सत्तात्मक सम्बन्धों पर निर्भर है। उन्नीसवीं सदी के प्रारम्भिक समय में भारतीय सामन्ती व्यवस्था के सांस्कृतिक अवशेषों तथा औपनिवेशिक आधुनिकता से उठे नैतिक बोध ने ही रंगमंच के सार्वजनिक स्पेस से स्त्रियों को दूर रखा था। जब भारत में नवजागरण का दौर शुरू हुआ तब स्त्री सशक्तीकरण पर केन्द्रित नवीन विचार भी सामने आए। इस नवीन स्त्री चेतना का प्रभाव रंगमंच पर भी पड़ा। धीरे-धीरे नाट्य-प्रस्तुतियों में स्त्री पात्रों की भूमिका में स्त्रियाँ उपस्थित होने लगीं। फिर भी रंगमंच से जुड़नेवाली स्त्रियों की सामाजिक स्थिति में कोई विशेष बदलाव नही आया। इस स्थिति में किंचित परिवर्तन सन् 1940 के बाद ही हुआ। इस समय की नई सांस्कृतिक परिस्थितियों से उत्पन्न नूतन रंग-परिवेशों में स्त्रियों की भागीदारी बढ़ गई तथा नाट्य-प्रस्तुतियों की विषय-वस्तु के रूप में विभिन्न स्त्री-मुद्दे प्रयुक्त होने लगे। पच्चासोत्तर भारत की नवीन रंग चेतना ने स्त्रियों को गम्भीरता के साथ रंगमंच को जानने-पहचानने का अवसर प्रदान किया। रंगमंच में रुचि रखनेवाली स्त्रियाँ बिना किसी संकोच रंगकर्म से जुड़ने के लिए तैयार भी हो गई। नाट्य लेखन, अभिनय, निर्देशन आदि रंगमंच से सम्बन्धित अन्यान्य पहलुओं में महिलाएँ अपनी उपस्थिति स्थापित करने लगी। इन रंगमंचीय कार्यव्यापारों में महिलाओं की सजीव उपस्थिति होने पर भी रंगमंचीय प्रस्तुतियों के रूपायन की प्रक्रिया ऐसे मूल्य-बोध से युक्त मानदंडों पर निर्भर थे जो लिंग-स्थितीय पूर्वाग्रहों से मुक्त नही थे। ज़्यादा से ज़्यादा महिलाएँ रंगमंच पर उतर आने से भी रंगमंच की पुरुष केन्द्रित रूप संरचना में कोई विशेष बदलाव नहीं आया।

सन्दर्भ

1. जयदेव तनेजा, आधुनिक भारतीय रंगलोक, पृ.13-14
2. जयदेव तनेजा, भूमिका, जयशंकर सुन्दरी, कुछ आंसू कुछ फूल, अनु. दिनेश खन्ना, पृ.14
3. नटी बिनोदिनी, मेरी कहानी, औरत: उत्तरकथा, सं. राजेन्द्र यादव, अर्चना वर्मा, पृ.24
4. डॉ. सुप्रिया पाठक द्वारा उद्धृत, स्त्रियाँ एवं रंगमंच: पारसी रंगमंच से नुक्कड़ नाटकों तक का सफर,www.hindisamay.com
5. वहीं

6. वहीं
7. जयशंकर प्रसाद, काव्य कला तथा अन्य निबन्ध, पृ.104
8. महेश आनन्द, रंगमंच पर स्त्रियाँ, रंग प्रसंग, अप्रैल 2004, पृ.67
9. वहीं, पृ.66
10. वहीं, पृ.62
11. डॉ. उमा शुक्ल, भारतीय नारी: अस्मिता की पहचान, पृ.144
12. डॉ. चन्दूलाल दुबे, हिन्दी रंगमंच का इतिहास, पृ.160
13. वहीं, पृ.160
14. डॉ. सुप्रिया पाठक द्वारा उद्धृत, स्त्रियाँ एवं रंगमंच: पारसी रंगमंच से नुक्कड़ नाटकों तक का सफर,www.hindisamay.com
15. डॉ. सुप्रिया पाठक द्वारा उद्धृत, स्त्रियाँ एवं रंगमंच: पारसी रंगमंच से नुक्कड़ नाटकों तक का सफर, www.hindisamay.com
16. जयदेव तनेजा, आधुनिक भारतीय रंगलोक, पृ.13-14
17. Sharmishta saha, Witnessing Movement: The women Artists of the Indian Peoples Theatre Asdociation, Gender Space and Resistance: Women and Theatre in India, p.181
18. Quoted by Lata Singh, Women of Ipta, iptanama.blogspot.in
19. वहीं
20. गिरीश रस्तोगी, बीसवीं सदी का हिन्दी नाटक और रंगमंच (लेख), बीसवीं सदी का हिन्दी साहित्य, सं. डॉ. विश्वनाथ प्रसाद तिवारी, पृ. 142
21. Zohra Sehgal, Close-up: Memories of a Light on Stage and Screen, p.40
22. संजना कपूर से प्रगति गुप्ता का साक्षात्कार, जागरण, www.jagran.com
23. सजिता मठत्तिल, मलयाला नाटका स्त्री चरित्रम, पृ.84
24. इब्राहिम अल्काज़ी, आज के रंग नाटक-टूटे आयने के प्रतिबिम्ब, आधुनिक भारतीय रंग परिदृश्य, सं. जयदेव तनेजा, पृ.54
25. आनन्द प्रकाश शर्मा, दिल्ली के हिन्दी रंगमंच का इतिहास(लेख), दिल्ली का हिन्दी नाटक और रंगमंच, सं. डॉ. रमेश गौतम, पृ. 204
26. अतुल तिवारी, जिसने देखा भारत की नई थिएटर कम्पनी का सपना, 2015, www.bbc.com
27. Aparna Bhargava Dhavadker, Theatre of Independence:Drama,Theory and Performances in Urban India since 1947, P.167
28. Monika Misra Tanvir remembered, The Hindu, 05/06/2005

समकालीन भारतीय रंगमंच का स्त्रीपक्षीय परिपार्श्व

रंगमंच के सन्दर्भ में समकालीनता का सामान्य तात्पर्य है, प्रयोक्ता व प्रेक्षक दोनों का अपने परिवेश के प्रति सजग होना। रंगमंच वह सृजनात्मक विधा है जो समकालीन जीवन के विविध व व्यापक परिदृश्यों से सीधा जुड़ता है। समकालीनता न केवल रंगमंच की अन्तर्वस्तु को अपितु उसके रूप तथा रूपायन की प्रक्रिया को भी व्यापक स्तर पर प्रभावित करती है। भारत के सन्दर्भ में समकालीन रंगमंच से तात्पर्य सन् 1970 के आसपास से लेकर अद्यतन तक के उन विभिन्न रंगमंचीय क्रियाकलापों से हैं जो रंगमंचीय प्रस्तुतियों की अन्तर्वस्तु एवं रूप संरचना दोनों स्तरों पर नवीन भावबोध तथा नए प्रयोगों से ओतप्रोत हैं। सन् 1970 के बाद का समय भारतीय समाज के लिए उत्तराधुनिक स्त्रीवादी विचारों तथा आन्दोलनों के प्रभाव का समय रहा है। स्त्री की अस्मिता एवं स्त्रीत्व की स्थापना एक आन्दोलन के रूप में जब भारतीय समाज में प्रकट होने लगी तब उसका प्रभाव रंगमंच के क्षेत्र को भी छूने लगा। कलात्मक एवं सौन्दर्यशास्त्रीय संकल्पनाओं को प्रभावित करनेवाले समकालीन स्त्रीवादी चिन्तन ने भारतीय रंगमंच को वर्तमान जीवन के विविध व व्यापक परिदृश्यों से जुड़नेवाले एक नवीन परिप्रेक्ष्य से देखने की दृष्टि प्रदान की है। स्त्रीवादी कला-चिन्तकों तथा नाट्य-विचारकों ने रंगमंच पर निहित पुरुष-वर्चस्व को चुनौती देते हुए रंगमंच के तथाकथित प्रतिमानों की तीखी आलोचना की तथा स्त्री-पक्षीय रंगकर्म की सार्थकता पर विचार किया। इस स्त्रीपक्षीय दृष्टि ने व्यावहारिक स्तर पर रंगमंच के स्वरूप को ही बदल डालने का प्रयास किया। इस प्रकार की एक नवीन रंग चेतना का प्रभाव भारत के विभिन्न भाषाई रंगमंचों में देख सकते हैं।

सन् 1950-70 का समय भारतीय रंगमंच के लिए प्रयोगधर्मिता और

समसामयिकता का समय रहा है। उसके साथ ही यह समय रंगमंच में एक नई चेतना एवं रंग-प्रस्तुति में एक नई दृष्टि के आविर्भाव का द्योतक भी रहा है। फिर भी इन प्रयोगधर्मी रंग-प्रस्तुतियों में मंच पर प्रदर्शित स्त्री-पात्रों एवं स्त्री-स्वत्त्व का दृश्याँकन पितृसत्तात्मक मूल्यबोध से काफी दूर नही था। प्रमुख रंग-आलोचक डॉ. सुप्रिया पाठक ने सन् 1950 के बाद के रंगमंच में स्त्रियों की स्थिति के सम्बन्ध में जो बात कही है वह बिलकुल प्रासंगिक है। उनके शब्दों में—"रंगमंच की दुनिया में स्त्रियों की स्थिति पहले से बेहतर हुई थी, यह कहना अतिशयोक्ति होगा। जो स्त्रियाँ मंच पर अभिनेत्री के रूप में उतर रही थीं वे अभी भी सामाजिक दृष्टि से हेय मानी जा रही थीं। नाटककार के रूप में महिलाएँ पुरुषों द्वारा हाशिए पर धकेली जा रही थीं। निर्देशिका के रूप में भी उन्हें इस दुनिया में जगह बनाने के लिए काफी मशक्कत करनी पड़ी। अभी भी प्रबन्धक के तौर पर महिलाओं की उपस्थिति नगण्य थी। परन्तु इसका तात्पर्य यह भी नहीं था कि उन्होंने रंगमंच की दुनिया में कोई महत्वपूर्ण योगदान नहीं दिया। आज़ादी के उपरान्त उभरी महिलाओं की इस पहली पीढ़ी ने हमेशा रंगमंच की दुनिया में सफलता का परचम लहराया।"[1] इस प्रकार नए रंग आन्दोलनों के दौर में रंगमंच की अन्यान्य पहलुओं में ज़्यादातर महिलाएँ तो अवश्य प्रवेश करने लगी थी तथा रंगमंचीय प्रस्तुतियों की विषय-वस्तु के रूप में स्त्रियों की समस्याएँ उभर आने भी लगी थी। किन्तु इन रंगमंचीय प्रस्तुतियों में स्त्री की अस्मिता एवं स्त्री स्वत्त्व की यथार्थ पहचान तथा स्त्रीपक्षीय दृष्टि का अभाव सदैव रहा। इस पहचान ने ही भारत के महिला रंगकर्मियों को एक ऐसी प्रति-रंग-संस्कृति विकसित करने की प्रेरणा दी जो स्त्री की अस्मिता को मंच पर स्थापित करने की सृजनात्मक प्रक्रिया पर बल देनेवाली थी।

स्त्रीपक्षीय रंगकर्म की नई चेतना

रंगमंच कोई एकान्त विस्मय नहीं है। वह मानवीय संवेदनाओं का व्यवहार-स्थल होता है। फिर भी वह रंगमंच जो पितृसत्तात्मक मूल्यों से प्रभावित और संचालित होता है, स्त्री को अपने स्वत्त्व एवं अस्मिता को अभिव्यक्त करने की दिशा में बाधास्वरूप उपस्थित भी हो जाता है। संकेत विज्ञान के अनुसार मंच पर जो कुछ उपस्थित होता है, वह कोई न कोई संकेत होता है और उन संकेतों से उत्पादित गूढ़ भाषा को दर्शक स्वीकारते है तथा अपनी रुचि के अनुसार वे उन संकेतों को समझते है या उसकी व्याख्या करते हैं। पुरुष व स्त्री के बीच

का जो सत्तात्मक सम्बन्ध होता है, उसी के संकेतों को रंगमंच में भी पाया जा सकता है। रंगमंच पर उपस्थित स्त्री कोई नैसर्गिक याथार्थ्य नहीं होती है, बल्कि उस याथार्थ्य से सम्बन्धित पुरुष-कल्पित बिम्ब होती है। दूसरे शब्दों में, मंच पर प्रस्तुत स्त्री नामक संकेत एक ऐसी सांस्कृतिक बनावट होती है, जिसके मूल में सत्ता की जड़ें व लिंगस्थितीय पूर्वाग्रहों के निशान विद्यमान रहते हैं। दर्शकों की दृष्टि भी पुरुष सत्ता द्वारा निर्मित तथाकथित सौन्दर्य संकल्पनाओं एवं मूल्य बोध से प्रभावित होने के कारण मंच पर प्रस्तुत स्त्री की छवि मात्र प्रदर्शनीय वस्तु के सीमित रूप में ही अनावृत होती है। ऐसे संकेत विनिमय की सहयोगी होनेवाली स्त्री दर्शक अपने ही वस्तूकरण और विध्वंस का साझेदार हो जाती है। ऐसी एक अवस्था में स्वत्त्व-बोध को लेकर चलनेवाली कोई भी स्त्री दो प्रकार के फैसले ले सकती है। पहला, अपने आप को इस वस्तूकरण का सहयोगी न होने देना है तो दूसरा एक प्रति-रंगमंचीय प्रक्रिया के लिए तैयार हो जाना है। भारत के विभिन्न भाषाई रंगमंचों से जुड़नेवाली कई महिला रंगकर्मियों ने दूसरे फैसले को स्वीकार किया है। इस दूसरे फैसले ने इन रंगकर्मियों को तथाकथित पुरुष-केन्द्रित संरचनावाली रंगमंचीय प्रस्तुतियों के समानान्तर स्त्री-पक्ष को उजागर करनेवाली प्रस्तुतियों को रूपायित करने की प्रेरणा दी, जो स्त्रीपक्षीय रंगमंच की परिकल्पना को परिपुष्ट करनेवाली है।

प्रारम्भिक समय में महिला रंगकर्मियों ने स्त्रीवादी विचारों के प्रचार तथा स्त्री मुद्दों के प्रति जनता में चेतना जागृत करने के विशेष उद्देश्य की पूर्ति के लिए आवश्यक सशक्त एवं प्रभावशाली माध्यम के रूप में रंगमंच को प्रयुक्त किया था। इसके लिए उन्होंने नुक्कड़ नाट्य शैली को अपनाया। महिलाओं द्वारा झेले जा रहे शोषण और अपमान को अभिव्यक्त करने तथा उसके विरुद्ध आवाज़ उठाने का सबसे सरल और प्रभावशाली माध्यम होने के कारण ही उन्होंने नुक्कड़ शैली को स्वीकारा था। जैसा कि पहले ही कहा गया है कि सन् 1970 के बाद का समय भारतीय समाज के लिए स्त्रीवादी विचारों तथा आन्दोलनों के प्रभाव का समय रहा है। नव-सामाजिक आन्दोलनों के फलस्वरूप उभरी नई चेतना के कारण भारतीय महिलाओं ने भी अपनी अस्मिता तथा संघर्ष को अपने नज़रिए से रखना शुरू किया। क्षेत्र चाहे सामाजिक हो या राजनीतिक अथवा साहित्यिक, महिलाएँ हर स्तर पर पुरुषों के बराबर अधिकारों की मांग करने लगीं एवं स्त्री-पहचान के लिए संघर्ष करती रहीं। उस समय में भारत के प्रमुख शहरों में कई ऐसे स्त्री संगठन रूपायित हुए, जो महिला मुद्दों के प्रति चेतना जागृति में कार्यरत थे। इन स्त्री संगठनों के लिए रंगमंच एक ऐसा

प्रभावशाली माध्यम रहा जिसके माध्यम से वे अपने विचारों की अभिव्यक्ति सशक्त रूप से कर सके। दिल्ली में स्थापित 'स्त्री-संघर्ष' नामक संगठन इसका एक अच्छा उदाहरण है। मशहूर रंगकर्मी अनुराधा कपूर, रति बर्तीलोम्यू तथा माया राव के संयुक्त प्रयासों से 'स्त्री संघर्ष' ने 'थियटर युनियन' नाम की इकाई का गठन किया जिसका उद्‌देश्य नाटकों के माध्यम से महिला-अधिकारों के प्रति जनता में जागरूकता पैदा करना था। सन् 1980 में पहली बार थियटर युनियन द्वारा 'ओम स्वाहा' नामक नुक्कड़ नाटक खेला गया जो जनता के बीच काफी चर्चित रहा। दहेज जैसी कुप्रथा के खिलाफ आवाज़ उठानेवाली इस नाट्य प्रस्तुति के सम्बन्ध में अनुराधा कपूर बताती हैं कि "ओम स्वाहा जैसे नाटक ने जनता में यह सन्देश फैलाने में सफलता हासिल कर ली थी कि घरों के बन्द दरवाजों के भीतर अभी बहुत कुछ ऐसा है जिस पर बात किया जाना ज़रूरी है।"[2] आगे वे कहती हैं कि "1979 में स्त्री संघर्ष' के नाम से दहेज प्रथा के विरोध में एक संगठन बना था। उसमें उर्वशी बुटालिया वगैरह थे। उन्होंने मुझे और माया को कहा कि हम ऐक्टिविस्ट हैं और एक नाटक बनाना है। हमने इम्प्रोवाइजेशन करके उन ऐक्टिविस्ट महिलाओं के साथ नाटक तैयार किया जिन्होंने पहले कभी नाटक नहीं किया था। इस नाटक को सैकड़ों बार प्रदर्शित किया गया। इसके कई शोज कॉलेजों और बस्तियों में हुए। इसके बाद हमने बलात्कार कानून पर भी नाटक तैयार किए। वस्तुतः 'थिएटर यूनियन' की शुरुआत ही 'ओम स्वाहा' से हुई थी जो उसका सबसे लम्बा चलनेवाला नाटक रहा। उस समय महिला आन्दोलनों के प्रयास से 'जागोरी', 'स्त्री संघर्ष' और 'सहेली' जैसी नारीवादी संस्थाएँ शुरू हुई थीं। हम लोग उनके जरिए इलाकों में जाते थे। ये नारीवादी संस्थाएँ समय पर हमें नाटक करने के लिए आमन्त्रित किया करती थीं।"[3] भारत में महिला थियटर ग्रुप के रूप में कार्यरत इन संस्थाओं ने न सिर्फ दहेज़ हत्या जैसे मुद्‌दों को उठाया बल्कि सती-प्रथा और पुलिस हिरासत में होनेवाले बलात्कारों को भी अपने प्रदर्शनों में मुद्‌दा बनाया।ज्योति म्हापसंकर द्वारा महाराष्ट्र में संचालित सहेली नामक स्त्री मुक्ति संगठन की थिएटर इकाई काफी सशक्त थी। इस संगठन ने 'मुलगी झाली आहे' नामक एक नाटक का रूपायन किया था और जिसे महाराष्ट्र के 2000 लोगों के बीच प्रदर्शित भी किया। इसके सम्बन्ध में निर्देशिका ज्योति म्हापसंकर बताती है कि—"यह नाटक उन महिलाओं से प्रेरित था जो इतने शोषणकारी एवं दमनकारी परिस्थितियों में अपना जीवन गुजारती हैं, इस नाटक को देखने के बाद कई लोग इस संगठन के सदस्य बने।"[4] इसी प्रकार हैदराबाद में

सूसी तारू एवं विमला कन्नबीरान तथा कोलकत्ता में मालिनी भट्टाचार्य आदि रंगकर्मियों ने भी स्त्रियों की विशेष समस्याओं पर नाटक प्रस्तुत करने का कार्य किया जो जनसाधारण के बीच काफी चर्चित रहे। तमिलनाडु में शीला रानी द्वारा संचालित महिला संगठन ने नुक्कड़ शैली में कन्या भ्रूण हत्या जैसे ज्वलन्त समस्याओं को आधार बनाकर नाटकों का प्रस्तुतीकरण किया। पितृसत्ता के गहरे दबाव से खामोश हो गए स्त्री समूह की आवाज़ को पुनः प्राप्त करने के उद्देश्य से रूपायित स्त्री संगठन थी केरल की 'मानुषी'। सन् 1986 में स्थापित इस संगठन ने रंगमंच को माध्यम बनाकर स्त्री-शोषण के खिलाफ आवाज़ उठाई। मलयालम की प्रमुख स्त्रीवादी चिन्तक एवं साहित्यकार प्रो.सारा जोसफ के नेतृत्व में रूपायित 'मानुषी' ने स्त्रियों की समस्याओं, शोषण आदि को सम्बोधित करते हुए कई नुक्कड़ नाटकों की प्रस्तुतियाँ की थीं। रंगमंच को एक सांस्कृतिक एवं राजनैतिक हथियार के रूप में प्रयुक्त करनेवाली केरल की एक और महिला नाट्य-मंडली थी 'समता'। इस मंडली की स्थापना सन् 1987 में हुई थी। समाज की आधी आबादी महिलाएँ जो हाशिएकृत हैं, उनको मुख्यधारा में लाने के विशेष उद्देश्य से कार्यरत समता की नाट्य-मंडली में छात्राएँ, कामकाजी महिलाएँ, किसान स्त्रियाँ, सांस्कृतिक कार्यकर्ता आदि शामिल थीं। इसके नेतृत्व में प्रोफ. टी. उषाकुमारी, पी.विजयम्मा, के.पुष्पा, सी.एस. चन्द्रिका आदि प्रमुख थीं। इन्होंने स्त्री की मुक्ति को मजदूर-वर्ग की मुक्ति के साथ जोड़कर देखने की कोशिश की थी। ब्रेख्त का नाटक 'मदर करेज' की पात्र 'मेरी फेरारिन' की कथा पर केन्द्रित सती, माता आदि 'समता' की नाट्य-प्रस्तुतियाँ काफी बहुचर्चित रही है। इस नाट्य-मंडली में करीब पन्द्रह स्त्रियाँ सदस्य के रूप में कार्यरत थी। 'समता' की नाट्य-प्रस्तुतियों में पुरुष पात्रों की भूमिका भी स्त्रियों के द्वारा निभाई जाती थी। समता की नाट्य-प्रस्तुतियों में 'जाति', 'ज्ञान स्त्री' आदि प्रमुख हैं। स्त्रीवादी विचारधारा को जनता तक पहुँचाना तथा सामाजिक असमानताओं को तोड़कर एक समतावादी समाज को स्थापित करने के लिए प्रेरक होना ये 'समता' नाट्य मंडली के लक्ष्य थे स्त्री की समस्याओं के अलावा जातीयता, साम्प्रदायिकता, भ्रष्टाचार, साम्राज्यवाद आदि मुद्दों को भी 'समता' ने अपनी नाट्य-प्रस्तुतियों के सहारे उठाया था। केरल का प्रगतिवादी संगठन 'शास्त्र-साहित्य-परिषद्' के महिला उपविभाग ने भी स्त्री केन्द्रित मुद्दों को सम्बोधित करनेवाले नाटकों को प्रस्तुत किया। इस संगठन ने अपनी बात कहने के माध्यम के रूप में नुक्कड़ रंगमंच की शैली को अपनाया था। समाजवादी स्त्रीवाद से प्रभावित इस संगठन ने समाज में

स्त्री की हाशिएकृत स्थिति को, उसकी समस्याओं को व्यंग्यात्मक शैली से अभिव्यक्त करने का प्रयास किया था। स्त्रियों के द्वारा झेले जानेवाले यौन-शोषण को चित्रित करनेवाला नाटक 'काणाप्पणियुडे तीक्कुंडम', 'तिरिच्चरिवु' आदि नाटक समाज के बीच काफी बहस के विषय बन गए थे। दहेज़ प्रथा के विरुद्ध आवाज़ उठानेवाला नाटक है 'परशुपुरम चन्ता। विवाह के नाम पर लड़कियों का क्रय-विक्रय करनेवाली सामाजिक कुरीति पर सशक्त रूप से प्रहार करनेवाले इस नाटक ने जनता को काफी प्रभावित किया। स्त्रियों पर केन्द्रित और एक नाट्य-प्रस्तुति थी 'सीता', जो मनुस्मृति के स्त्री-विरोधी तत्त्वों को आदर्श बनानेवाली सामन्ती पुरुष-मानसिकता को चुनौती देती है। मुसलमान स्त्रियों की दुरावस्था को सूचित करनेवाली नाट्य-प्रस्तुति 'नादिरा परयुन्नु' भी समाज के बीच काफी बहुचर्चित रही है।

सामाजिक व्यवस्था में अन्तर्भूत पुरुष-सत्ता को प्रश्नीकृत करते हुए उसे कला के ज़रिए चुनौती देना, समता एवं स्वतन्त्रता को हासिल करने की लड़ाई में स्त्रियों को सशक्त बनाना, स्त्री की विशेष समस्याओं को जनता के सम्मुख प्रस्तुत करना, स्त्रीवादी विचारों का प्रचार करना आदि विशेष उद्देश्यों से प्रेरित इन नाट्य मंडलियों के रंगकर्म अपने में अद्वितीय एवं प्रभावशाली रहे है। इन नाट्य प्रस्तुतियों की सबसे बड़ी कमी कलात्मकता की कमज़ोरी थी। इन नाटकों के जरिए मार्मिक विषयवस्तुओं को जनता के सम्मुख प्रस्तुत करने में तो रंगकर्मी अवश्य सफल रही थीं। किन्तु रंग शिल्प के स्तर पर नवीन प्रयोगों तथा स्त्रीपक्षीय सौन्दर्य चेतना को लाने में वे थोड़े असमर्थ रहीं। फिर भी भारतीय रंगमंच के क्षेत्र में इन महिला नाट्य कार्यों का योगदान अत्यन्त महत्वपूर्ण है। इनकी प्रमुख उपलब्धियाँ निम्नलिखित हैं—

1. रंगमंच के माध्यम से महिला मुद्दों को जनता के सम्मुख उठाना तथा महिला सशक्तीकरण के कार्य।
2. सार्वजनिक स्थलों में महिलाओं की बराबर उपस्थिति को स्थापित करने के कार्य।
3. प्रेक्षक के रूप में ज़्यादा से ज़्यादा महिलाओं को रंगमंच के क्षेत्र में लाने का कार्य।
4. रंगकर्म में व्यापृत महिलाओं के प्रति समाज की जो हीन दृष्टि है, उसको एक हद तक बदलाने का कार्य।
5. स्वतन्त्र रूप से कार्यरत महिला निर्देशकों, महिला नाटककारों तथा अभिनेत्रियों को स्त्रीपक्षीय विचारों से जोड़नेवाले संवाद एवं चर्चाओं

के आयोजन का कार्य।

महिला मुक्ति संगठनों की विशेष इकाई के रूप में कार्यरत पूर्वसूचित नाट्य मंडलियों एवं उनके रंगकार्यों के अलावा महिला रंगकर्मियों द्वारा स्वतन्त्र रूप से संचालित कुछ ऐसी नाट्य मंडलियाँ भी भारत में उपस्थित थीं जो आज भी सजीव रूप से कार्यरत हैं। लिंग-स्थितीय विभेदन से दूर रहनेवाली तथा स्त्री-स्वत्त्व को मंच पर स्थापित करने की सृजनात्मक प्रक्रिया पर बल देनेवाली रंगमंचीय प्रस्तुतियों को रूपायित करने के लिए मात्र वैचारिक स्तर पर बहस करना काफी नहीं है बल्कि आर्थिक रूप से स्त्रियों की प्राथमिकता में संचालित नाट्य-मंडलियों की स्थापना अत्यन्त आवश्यक है। इस प्रकार के महत्वपूर्ण मुद्दे पर जब भारतीय रंगमंच के क्षेत्र में गहनता से विचार-विमर्श शुरू होने लगा तब उसके फलस्वरूप ही इन नाट्य-मंडलियों का उदय हुआ जो स्त्रीपक्षीय चिन्तन से परिपुष्ट हैं। महिला रंगकर्मियों के लिए रंगमंच पर अपनी बात कहने के लिए, अपने अनुभवों को अभिव्यक्त करने के लिए तथा अपनी अस्मिता को स्थापित करने के लिए ऐसे 'स्पेस' की ज़रुरत है, जो काफी 'डेमोक्रेटिक' हो। इस विचार को साथ लेकर चलनेवाली रंगकर्मियों ने ऐसी नाट्य-मंडलियों की स्थापना की जिन्हें स्त्रीपक्षीय नाट्य-मंडली की अभिधा से अभिहित की जा सकती हैं। स्त्रीपक्षीय नाट्य-मंडली का मतलब मात्र स्त्री सदस्यों से शामिल एक संस्था के रूप में नहीं लिया जा सकता है बल्कि जो पितृसत्तात्मक मूल्यों से मुक्त तथा मानवता एवं समता से युक्त दृष्टिकोण को अपनानेवाली हो। इस प्रकार की नाट्य-मंडलियों में ऐसे पुरुष भी शामिल होते हैं जो स्त्रीपक्षीय राजनीति की प्रासंगिकता को समझनेवाले तथा प्रगतिशील विचारों को अपनानेवाले हो। स्त्रीपक्षीय विचारों से परिपुष्ट होने के कारण ऐसी नाट्य-मंडलियों के भीतर किसी भी पहलू में स्त्री-पुरुष भेदभाव या स्त्री के दोयम दर्जे की स्थिति नहीं होती। पुरुष केन्द्रित नाट्य मंडलियों का सामान्य स्वभाव यह होता है कि वहाँ पुरुषों का ही एकाधिकार रहता है। वहाँ निर्णय पुरुष ही लेता है तथा स्त्री उसके पालन का जिम्मेदार होती है। मलयालम रंगमंच की प्रमुख अभिनेत्री 'आतिरा' ने स्त्री पक्षीय रंग-मंडली और पुरुष केन्द्रित रंग-मंडली की भिन्नता को सूचित करते हुए जो बात कही है वह यहाँ उल्लेखनीय है "मेरे अपने अनुभव में कहा जाए तो एक आर्टिस्ट के रूप में मेरे लिए सबसे कम्फर्टबल स्पेस स्त्रीपक्षीय नाट्य-मंडली में मिली है। मुझे लगता है कि रंगमंच से जुड़ी नब्बे प्रतिशत स्त्रियों का भी अनुभव ऐसा ही होगा। पुरुष केन्द्रित नाट्य-मंडलियों के भीतर कार्यरत होने के लिए स्त्रियों को

जो 'इनहिबिशन' होता है वह स्त्रीपक्षीय नाट्य-मंडलियों में नहीं होता है।"[5] समग्र रूप से स्त्रीपक्षीय रंगकर्म की प्रवृत्तियों की प्रयुक्ति इन नाट्य-मंडलियों के कार्यकलापों तथा इनके द्वारा प्रस्तुत नाट्य-प्रदर्शनों में देखा जा सकता है। इस प्रकार के कुछ प्रमुख स्त्रीपक्षीय नाट्य-मंडलियों का परिचय आगे दिया जाएगा।

1. 'रंगकर्मी', जिसकी स्थापना उषा गांगुली के द्वारा हुई है। इस नाट्य मंडली की स्थापना में बंगाल में हुई। इसका उद्देश्य पूरे देश और देश से बाहर के दर्शकों तक पहूंचना है। छत्तीस प्रस्तुतियाँ और अपने खाते में अनेक प्रतिष्ठित पुरस्कारों को जोड़ते हुए इस नाट्य-मंडली ने हिन्दी रंगमंच में सफलतापूर्वक अपना स्थान स्थापित किया है। राष्ट्रीय और अन्तर्राष्ट्रीय ख्याति के नाट्य उत्सवों में प्रतिभागिता की है, स्त्रियों एवं युवा महत्वाकांक्षियों के लिए कार्यशालाएँ और प्रशिक्षण कार्यक्रम आयोजित किए हैं और रंगोली नामक एन जी ओ के सहयोग से समाज के कमज़ोर वर्ग के बच्चों के लिए रंगमंच प्रशिक्षण कक्षाएँ भी चलाई हैं। रंगकर्मी की अन्य महत्वपूर्ण योजना है स्टूडियो थिएटर, बेहतर रंगमंच को समर्पित यह उन दो स्त्रियों की अमर भावना को श्रद्धांजलि है जिन्होंने बंगाली रंगमंच को नया आयाम दिया। कोर्ट मार्शल, रुदाली, काशीनामा, हिम्मतमाई, अन्तर्यात्रा, चंडालिका, हम मुखतारा आदि रंगकर्मी की प्रमुख प्रस्तुतियाँ हैं।

2. 'द कम्पनी', जिसकी स्थापना पद्मश्री नीलम मानसिंह चौधरी द्वारा हुई है। इस नाट्य मंडली ने पंजाबी तथा हिन्दी दोनों भाषाओं में कई नाटकों की प्रस्तुति की जो काफी बहुचर्चित रही हैं। सन् 1984 में जब नीलम मानसिंह जी ने अपने समूह 'द कम्पनी' की स्थापना चंडीगढ़ में की तब वे शहरी अभिनेताओं के प्रशिक्षण के तरीकों के बारे में खोजबीन कर रही थीं और उन्हें यह तरीका मिला पंजाब की पारम्परिक शैलियों में। पंजाब के ग्रामीण प्रदेश की नक्काल परम्परा के माध्यम से उन्होंने अपनी नाट्य-भाषा की खोजबीन शुरू की। पर यह पारम्परिक ग्रामीण नाट्य-परम्परा सौन्दर्यबोध, तकनीक और प्रस्तुति के तरीकों में पूर्णतया विकसित नहीं थी। इन पारम्परिक कलाकारों एवं शहरी अभिनेताओं के साथ मिलकर काम करते हुए नीलम जी ने एक नई रंग भाषा का निर्माण किया, जहाँ स्वरूपों का सम्मिश्रण है, उनकी टकराहट है। इसने इतिहास, प्रदर्शन-स्थल, बिम्बों और कथानक को देखने की एक नई दृष्टि दी। इस तरह के सम्मिश्रण ने जहाँ एक तरफ जुड़ाव पैदा करने का काम किया वहीं ज़ोरदार विरोध और टकराहट भी खड़ी की। यही जुड़ाव और

टकराहट उनके रंगमंच की नाटकीयता को एक बड़े प्रतीक में बदल देता है। समाज के विभिन्न तबकों विभिन्न आर्थिक-सांस्कृतिक पृष्ठभूमि के लोगों द्वारा साथ मिलकर एक रंगमंचीय अनुभूति पैदा करना इनके काम के मूल में है। नागमंडल, किचन कथा, एरमा, द लाईसेंस, ब्लड वेडिंग, द स्यूट आदि इस नाट्य-मंडली की प्रमुख प्रस्तुतियाँ हैं।

3. 'विवादी', जिसकी स्थापना अनुराधा कपूर ने की है। इस नाट्य-मंडली की स्थापना सन् 1989 में नई दिल्ली में हुई। विवादी नाट्य-मंडली नाट्य-प्रस्तुतियों के साथ-साथ चित्रकार, संगीतकार, रचनाकार आदि कला से जुडी विभिन्न पहलुओं के प्रतिभा-धनी लोगों को भी प्रोत्साहन देती आ रही हैं। विवादी की प्रमुख विशेषता है कि यह अन्त:विषयों में कार्य करते हुए अभ्यास और अनुसन्धान के बीच विनिमय का प्रयास करता है। परफॉरमेंस स्कल्प्चेर्स और इंस्टालेशन प्रोजेक्ट्स आदि से लेकर कार्य करनेवाले विवादी ने टगोर, रुसवा, महेश एल्कुचवार, विजय तेन्दुलकर, शेक्सपियर, इब्सन, हेनर मुल्लर आदि मशहूर रचनाकारों की रचनाओं को लेकर प्रस्तुतियाँ की हैं। सुन्दरी एन एक्टर प्रिपेयेर्स, नवलाखा, जीवित या मृत, अन्टिगनी, उमराव, विरासत आदि विवादी की बहुचर्चित नाट्य-प्रस्तुतियाँ हैं।

4. 'ड्रामाटिक आर्ट एंड डिजाईन अकादमी', जिसकी स्थापना अमाल अल्लाना ने अपने पति निस्सार अल्लाना के सहयोग से की है। रंगमंचीय प्रस्तुतियों के साथ-साथ अन्य दृश्य एवं प्रदर्शनकारी कलाओं को प्रोत्साहन देती आनेवाली इस नाट्य-मंडली में प्रमुख रूप से पाँच कोर्स का प्रावधान किया गया है। अभिनय, निर्देशन, कोस्ट्यूम डिजाईन, एन्करिंग आदि विषयों पर केन्द्रित कोर्स है। रंगमंच के विभिन्न पहलुओं से जुड़े प्रतिभाधनी कलाकारों के सहयोग से चलनेवाली इस नाट्य-मंडली ने एक नई रंगभाषा और नई प्रशिक्षण शैली को विकसित करने का प्रयास किया है। नटी विनोदिनी, महाभोज, आधे अधूरे, खामोश अदालत जारी है, आषाढ़ का एक दिन, किंग लियर, बीगम बरवे आदि इस नाट्य-मंडली की प्रमुख प्रस्तुतियाँ हैं।

5. 'एकजुट', जिसकी स्थापना विख्यात रंगकर्मी नादिरा ज़हीर बब्बर ने अपने पति मशहूर फिल्म अभिनेता राज बब्बर के सहयोग से किया। नादिरा ज़हीर बब्बर के कुशल मार्गदर्शन में चलनेवाली इस नाट्य मंडली का गढ़न सन् 1981 में मुम्बई में हुई थी। पिछले तीन दशकों से हिन्दी रंगमंच क्षेत्र में परिवर्तन, प्रयोग और गुणवत्ता के लिए एकजुट सबसे आगे रहा है। आगा हशर कश्मीरी, बर्टोल्ट ब्रेख्त, भास, अल्बर्ट कामु, बादल सरकार, जयवन्त

दलवी, जॉन ओसबोर्न, यूजीन ओ'नील जैसे विख्यात लेखकों की रचनाओं को रूपान्तरित करके मंच पर प्रस्तुत करने में एकजुट काफी सक्षम रहा है। देश के हर प्रमुख कला मंचों पर नाटकों की प्रस्तुति करनेवाली इस नाट्य मंडली ने अपने प्रदर्शनों को महानगरों तक सीमित नही रखा है। इस नाट्य मंडली ने एम एफ हुज़ैन, उमा डोगरा जैसे संगीत, कला एवं नृत्य के क्षेत्र में दिग्गज कुछ कलाकारों के साथ सफलतापूर्वक सहयोग भी किया है। यहूदी की लड़की' नामक नाटक से अपना निर्देशन सफर शुरू करनेवाली इस नाट्य मंडली ने अब तक अस्सी से भी अधिक नाटकों का मंचन किया है। मंडली द्वारा प्रस्तुत चर्चित नाटकों में 'सन्ध्या छाया', 'लुक बैक इन एंगर', 'बल्लबपुर की रूपकथा', 'बात लात की हालात की', 'भ्रम के भूत' और 'बेगम जान' आदि शामिल हैं।

6. 'द क्रिएटिव आर्ट्स', जिसकी स्थापना हिन्दी की प्रमुख रंगकर्मी रमनजीत कौर के द्वारा हुई है। रंगमंच एवं अन्य कलाओं में औपचारिक तथा सुचारू प्रशिक्षण के प्रसार तथा लोगों को इसके प्रति जागरूक करने के उद्‌देश्य से स्थापित इस नाट्य-मंडली सन् 2002 में प्रारम्भ हुई। राष्ट्रीय तथा अन्तर्राष्ट्रीय मेल-जोल के लिए कला के विभिन्न क्षेत्रों के लोगों को अपने साथ जोड़ना भी इसका उद्‌देश्य है। पद्‌मश्री नीलम मानसिंह चौधरी, गोविन्द निहलानी, सुजाता सेन, आनन्द लाल, संचयन घोष जैसी जानी-मानी हस्तियों ने समय-समय पर समूह के साथ सहभागिता निभाई है। समूह ने कार्यशाला, सेमीनार तथा साईट स्पेसिक प्रस्तुतियों के आयोजन के साथ-साथ मूल आलेखों की रचना तथा कला-प्रदर्शनियों के आयोजन का काम भी किया है, जिसे लोगों तथा संचार माध्यमों द्वारा खूब सराहना मिली। इस नाट्य-मंडली द्वारा प्रस्तुत मूल प्रस्तुतियों में द फोरस्ट पार्टी, क्लोज्ड स्पेस, बावरे मन के सपने इत्यादि महत्वपूर्ण हैं।

7. 'अलारिपु', जिसकी स्थापना हिन्दी की प्रसिद्ध रंगकर्मी त्रिपुरारी शर्मा द्वारा हुई है। सन् 1983 में स्थापित इस नाट्य-मंडली ने अव्यावसायिक रंगमंच, युवा स्त्रियों एवं लोक रंगमंच पर विशेष ध्यान देते हुए कई कार्यक्रम किए हैं। बाल रंगमंच को प्रोत्साहन देते हुए स्कूलों में रंग-कार्यशालाओं का आयोजन भी इस नाट्य-मंडली के कार्यक्रमों में प्रमुख है। इस नाट्य-मंडली के अनुसार रचनात्मकता न केवल प्रत्येक व्यक्ति में अन्तर्निहित है बल्कि यह स्वयं के अनुभव और अनुभव को विस्तारित करने और अभिव्यक्त करने के तरीकों में से एक है। अत: यह नाट्य-मंडली अपनी कार्यशालाओं तथा कार्यक्रमों के द्वारा एक ऐसे स्पेस को विकसित करने की कोशिश करती है, जहाँ प्रत्येक

व्यक्ति अपनी सृजनात्मकता को द्योतित कर सकता है। बाल रंगमंच से जुड़ी कार्यक्रमों में क्रिएटीव ड्रामा, कविता, गीत, आर्ट एंड क्ले बर्क, फोटोग्राफी, रचना, कथावाचन आदि का प्रयोग किया है। इस नाट्य-मंडली की प्रमुख प्रस्तुतियों में आधा चाँद, सम्पदा, रूप-अरूप, बहू, लाडो मौसी, बदलाव आदि काफी लोकप्रिय हैं।

8. 'निरीक्षा', जिसकी स्थापना केरल की मशहूर रंगकर्मी सी वी सुधी तथा डॉ. राजराजेश्वरी के संयुक्त तत्त्वावधान में हुई। सन् 1999 में निरीक्षा की स्थापना के पश्चात के रंगकार्यों की शुरुवात बच्चों के लिए आयोजित कार्यशालाओं से हुई। स्कूलों में औपचारिक रूप से बच्चों को देनेवाली शिक्षा में लिंग-समानता के बोध का अभाव होता है। अतः जेंडर से सम्बन्धित सूक्ष्म बोध रखनेवाली रंगकर्मियों के कार्यान्वयन में आयोजित कार्यशालाएँ लिंग-समानता का बोध बच्चों में फैलाने में अवश्य समर्थ होंगे। इसके अलावा स्त्रियों के लिए भी विशेष रूप से कार्यशालाओं का आयोजन निरीक्षा करती आ रही है। रंगमंच से जुड़नेवाली स्त्रियों के सम्बन्ध में समाज में प्रचलित जो बुरी धारणा है उसको बदलना तथा स्त्रियों की इनहिबिशन को दूर करके उन्हें रंगमंच की ओर आकर्षित करना आदि इन कार्यशालाओं के उद्देश्य हैं। रंगमंच से जुड़े विभिन्न विषयों पर संगोष्ठियों का आयोजन तथा रंगमंचीय प्रस्तुतियों का रूपायन आदि निरीक्षा के द्वारा करता आ रहा है। निरीक्षा की प्रमुख प्रस्तुतियों में प्रवाचाका, आनुन्गल इल्लात्ता पेंनुन्गल, कुडियोषिक्कल, द ट्रोल, पुनर्जनी आदि काफी बहुचर्चित एवं लोकप्रिय हैं।

9. क्ले प्ले हाउस, जिसकी स्थापना सुरभी तथा उनके पति रियाज़ के संयुक्त कार्यान्वयन में हुई। इस नाट्य-मंडली की स्थापना सन् 2011 में केरल में हुई। क्ले प्ले हाउस रंगकर्म में विशेष रुचि रखनेवाले करीब बीस लोगों का एक समूह है। यह नाट्य-मंडली, जिसमें अभिनय, निर्देशन, लाइट डिसैनिंग, कोस्ट्यूम डिसैनिंग, संगीतकार आदि विभिन्न पहलुओं में प्रवीण कलाकार शामिल हैं। रंगमंच पर स्त्रियों की उपस्थिति को बढ़ाने के उद्देश्य से स्त्रियों के लिए कार्यशालाएँ आयोजित करना इस नाट्य-मंडली का प्रमुख कार्यक्रम रहा है। इसके अलावा लाइट डिज़ाइन, अभिनय, निर्देशन आदि में रुचि रखनेवालों के लिए विशेषज्ञों के भाषण, प्रशिक्षण आदि का आलोचना भी किया जा रहा है। इस नाट्य-मंडली द्वारा प्रस्तुत प्रमुख नाट्य प्रदर्शन है ओच्चा, घोरराक्षसम, आड्डु पुलियाट्टम, पटप्पाट्टू, पालम आदि।

10. 'कला प.ठशाला', जिसकी स्थापना के.वी. श्रीजा तथा उनके पति

नारायणन के संयुक्त तत्त्वावधान में हुई। केरल के एक ग्रामीण क्षेत्र में स्थित इस नाट्य-मंडली के कार्यक्रमों में ग्रामीण जीवन की सादगी, सरलता और लोक-संस्कृति की झलक देखने को मिलता है। फसल की कटाई का उत्सव हर साल यह नाट्य-मंडली के द्वारा अनोखे ढ़ंग से मनाई जाती है। इस दिन गीत, नृत्य, नाट्य आदि की प्रस्तुति भी होती है। कला पाठशाला में अभिनय, नृत्य, मार्शल आर्ट आदि पर विशेष रूप से बच्चों, तथा युवाओं को प्रशिक्षण देता आ रहा है। इन सबके अलावा रंगमंचीय प्रस्तुति से जुड़ी विभिन्न पहलुओं पर केन्द्रित कार्यशालाओं का आयोजन होता रहता है। इस नाट्य-मंडली द्वारा प्रस्तुत नाट्य-प्रदर्शनों में प्रमुख हैं लेबर रूम, कल्याणसारी, ओरोरो कालाङलिल, कलमकारियुडे कथा आदि।

11. 'नारी अद्वितीया', जिसकी स्थापना सन् 2017 में ओडीसा में हुई। यह एक गैर लाभकारी सांस्कृतिक संगठन है जिसमें उन्नीस महिलाएँ शामिल हैं। इसका उद्देश्य नाटकों के माध्यम से स्त्रीत्व सम्बन्धी संवेदनशील मुद्दों को जनता तक पहुंचना है। ना मु करीबी परीबी, नि:सहाया, घाता प्रतिघाता, अबसादा आदि नारी अद्वितीया की प्रमुख नाट्य प्रस्तुतियाँ हैं। इन सभी प्रस्तुतियों की रचना एवं निर्देशन का कार्य रंगकर्मी सुजा प्रियदर्शिनी द्वारा हुए है। नाटकों के मंचन के अलावा फिल्मों और लघु फिल्मों का सह-निर्माण, कला और संगीत कार्यक्रमों के आयोजन, महिलाओं के समग्र विकास पर कार्यशालाओं का आयोजन आदि भी इस मंडली के प्रमुख कार्यक्रम हैं।

12. 'परफॉर्मड कोनवर्सेशन्स', जो असम की युवा रंगकर्मी पपरी मेधी द्वारा संचालित एक वैकल्पिक रंगमंच है। दर्शकों को भी नाट्य प्रदर्शन के साथ समान रूप से एनगेज करनेवाली एक नई तरीके को अपनानेवाले परफॉर्मड कोनवर्सेशन्स नाटकों के माध्यम से दर्शकों को लिंग स्थिति, सत्तात्मक सम्बन्ध एवं न्याय जैसे सामाजिक मुद्दों पर अपने स्वयं के अनुभव और धारणाओं के बारे में बात करने का अवसर प्रदान करता है। नाट्य प्रस्तुतियों के सहारे अपने दैनन्दिन जीवन में महिलाओं द्वारा झेले जानेवाली समस्याओं एवं अन्याय को अभिव्यक्त करने के साथ-साथ, आगे बढ़ाने का रास्ता ढूंढ़ने में दर्शकों को भी शामिल करने में यह मंडली सक्षम रही है।

13. 'मराप्पाची' तमिलनाडु में कार्यरत एक लोकप्रिय नाट्य मंडली है। इसकी स्थापना प्रसिद्ध रंगकर्मी वी पद्मा मंगई ने दिवंगत कवि इंकलाब के सहयोग से सन् 2006 में की। इस नाट्य मंडली का मूल उद्देश्य रंगकर्म के क्षेत्र में महिलाओं की भागीदारी बढ़ाना तथा रंगमंच के माध्यम से सामाजिक

परिवर्तन को साकार करने का प्रयास है। इस नाट्य मंडली ने शुरू से ही क्वीर कंम्यूनिटी को अपने साथ शामिल करने का कार्य किया है। हमारे समाज में उपस्थित जाति, लिंग, वर्ग, नस्ल सम्बन्धी विभिन्न समस्यायों को सम्बोधित करनेवाली नाट्य प्रस्तुतियों का रूपायन 'मराप्पाची' करती आ रही है। कुरुंजिपाट्ट, कालाकनवु, अव्वय, मनिमेघलै आदि इस नाट्य मंडली की बहुचर्चित नाट्य प्रस्तुतियाँ हैं।

सन् 1990 तक आते-आते भारतीय रंगमंच में महिलाओं की स्थिति-उपस्थिति एवं अस्मिता पर विचार विमर्श के कार्य प्रबल होने लगे। रंगमंच के क्षेत्र में कार्यरत महिलाओं को एकत्रित करने के उद्देश्य से नाट्य कार्यशालाएँ, महिला नाट्य समारोहों एवं रंग महोत्सवों के आयोजन होने लगे। इनका संयोजन देश के विभिन्न प्रदेशों के विभिन्न भाषाओं में रंगकार्य करनेवाली महिला रंगकर्मियों, महिला संगठनों के सदस्यों, सरकारी एवं गैर सरकारी नाट्य संस्थाओं द्वारा हुए थे। इनमें प्रमुख हैं—

1. 'अक्का', राष्ट्रीय महिला रंग महोत्सव, मैसूर, 2001. इसका आयोजन सेंट्रल इंस्टिट्यूट ऑफ इंडियन लेंगवेजेस एवं कर्नाटक नाटक रंगायन के संयुक्त तत्त्वावधान में हुआ। महिला निर्देशकों एवं रंगकर्मियों पर केन्द्रित इस रंग महोत्सव में लगभग 28 नाटकों की प्रस्तुति हुईं।
2. राष्ट्रीय महिला रंग महोत्सव, हैदराबाद, 2002, यवनिका नाट्य मंडली द्वारा आयोजित इस कार्यक्रम में देश भर के लगभग 200 रंगकर्मियों ने भाग लिया था।
3. 'पूर्वा', एशियाई महिला नाट्य निर्देशक सम्मेलन एवं रंग महोत्सव, दिल्ली, 2003. राष्टीय नाट्य विद्यालय नटरंग प्रतिष्ठान एवं इंडियन काउनसिल फॉर कल्चरल रिलेशन्स इन तीनों के संयुक्त तत्त्वावधान में इस कार्यक्रम का आयोजन हुआ था। इस आठ दिवसीय रंग महोत्सव और चार दिवसीय सम्मेलन में दक्षिण-पूर्व एशिया के 35 थिएटर विशेषज्ञों ने भाग लिया था।
4. 'कुलवै', महिला नाट्य समारोह, चेन्नई,1996,1997,1999,2002. चेन्नई में कार्यरत वॉयसिंग साइलेंस जेंडेर्ड थिएटर, एम एस स्वामीनाथन रिसर्च फाउंडेशन द्वारा आयोजित इस नाट्य समारोह में भारतीय रंगमंच के क्षेत्र में सजीव रूप से उपस्थित महिला रंगकर्मियों, स्त्रीवादी संगठनों के सदस्यों एवं सांस्कृतिक क्षेत्र में कार्यरत प्रमुख महिलाओं को सम्मिलित किया गया था। महिला रंगकर्मियों द्वारा

निर्देशित नाट्य प्रस्तुतियों, स्त्रीपक्षीय रंगमंच के सन्दर्भ में संगोष्टियों, कार्यशालाओं आदि से यह नाट्य समारोह सम्पन्न थे।

5. 'नारीर मंचा', महिला रंग महोत्सव, कोलकत्ता, नन्दीपत कला सांस्कृतिक संस्था द्वारा आयोजित इस कार्यक्रम में देश के विविध महिला निर्देशकों के रंग प्रस्तुतियाँ सम्मिलित थीं।
6. स्त्री नाटक पणिप्पुरा, केरल, 1998. केरल संगीत नाटक अकादमी द्वारा आयोजित इस समारोह का उद्देश्य भारत के विभिन्न प्रदेशों में रंगकर्म में व्यापृत महिलाओं को एक मंच पर लाना तथा उनके अनुभवों को आपस में साझा करना था। रंगमंच एवं महिला उपस्थिति, स्त्रीपक्षीय रंगमंच की सार्थकता, स्त्री की देह भाषा, दलित स्त्रीपक्षीय रंगमंच आदि विषयों के सम्बन्ध में संगोष्ठी तथा बहसों से कार्यक्रम सम्पन्न था।
7. 'स्वयं महिला सोमारोहा', महिला नाट्य महोत्सव, असम, 2015. जिरसोंग थिएटर द्वारा आयोजित इस महोत्सव में भारत के विभिन्न इलाकों जैसे असम, पंजाब, दिल्ली एवं मणिपुर के महिला रचित-निर्देशित-अभिनीत नाटकों की प्रस्तुति हुई।
8. पूर्वोत्तर महिला नाट्य महोत्सव, मणिपुर, 2019, खेंजोंग्लांग नाट्य मंडली एवं संगीत नाटक अकादमी के संयुक्त तत्त्वावधान में आयोजित इस महोत्सव में पूर्वोत्तर भारत के दस महिला निर्देशित नाटकों की प्रस्तुति हुई।
9. महिला निर्देशकों का रंग महोत्सव, 2014, पंजाबी अकादमी द्वारा आयोजित।

इन प्रमुख नाट्य समाहारों व रंग महोत्सवों के साथ-साथ राष्ट्रीय नाट्य विद्यालय, ऐ सी सी आर, नटरंग प्रतिष्ठान जैसी संस्थाओं से जुड़कर भारत के कुछ लोकप्रिय नाट्य मंडलियों ने महिला केन्द्रित नाटकों की प्रस्तुति एवं नाट्य कार्यशालाओं का आयोजन किया जिनमें समुदाया, कर्नाटक, कलाक्षेत्र, मणिपुर, पृथ्वी थिएटर, मुम्बई, अलारिपु, दिल्ली, रंगकर्मी, कोलकत्ता, रंगायना, मैसूर, कूत्त पट्टारी, चेन्नई, निरीक्षा, केरल जैसी नाट्य मंडलियाँ प्रमुख हैं।

रंगमंच पर निहित पुरुष-वर्चस्व की जड़ों को तोड़ना एवं महिलाओं के स्वत्त्व को स्थापित करने के विशेष उद्देश्य से आयोजित पूर्वसूचित नाट्य कार्यों के सामान्य क्रियाकलाप निम्नलिखित हैं—

1. भारत के अन्यान्य प्रदेशों में रंगकर्म में व्यापृत महिलाओं को एक मंच

पर लाना तथा उनके अनुभवों को आपस में साझा करना।

2. भारत की प्रमुख महिला रंगकर्मियों द्वारा निर्देशित महिला मुद्दों या लिंग स्थिति सम्बन्धी विषयों पर केन्द्रित नाटकों की प्रस्तुति।
3. ऐसे नाट्य समारोहों का आयोजन जिनमें सांस्कृतिक एवं सामाजिक कार्यकर्ताओं, रंगकर्मियों तथा गैर सरकारी संगठनों आदि के योगदान को एकत्रित करना।
4. विभिन्न सामाजिक स्तरों के उत्पीड़ित महिलाओं को सहारा देना एवं उन्हें खुद के अनुभवों की अभिव्यक्ति हेतु रंगमंच को उपयोग में लाने के लिए सक्षम बनाना।
5. नाट्य विशेषज्ञों द्वारा संचालित कार्यशालाओं में महिलाओं को सम्मिलित करना।
6. महिला रंगाभिव्यक्ति के विभिन्न आयामों पर बहस कार्य का आयोजन।
7. रंगमंच एवं महिला उपस्थिति, स्त्रीपक्षीय रंगमंच की सार्थकता, उसका सौन्दर्यशास्त्र, प्रदर्शनकारी स्त्री-देह की भाषा, दलित स्त्रीपक्षीय रंगकर्म इत्यादि विषयों के सम्बन्ध में संगोष्ठियों का आयोजन।
8. तिरस्कृत स्त्रियों के सशक्तीकरण के हेतु रंगमंच को प्रयोग में लाना।

सन् 1990 तक आते आते महिला रंगकर्मियों ने रंगमंच के अन्यान्य पहलुओं में अपनी सक्रिय व सृजनात्मक उपस्थिति अवश्य स्थापित की थी। नाट्य रचना, निर्देशन, अभिनय, अन्य तकनीकी पहलू इत्यादि के क्षेत्र में महिला रंगकर्मियों ने सफलता भी प्राप्त की। इनमें महिला नाट्य निर्देशकों की जो भूमिका है उसका सबसे अधिक महत्व है। किसी रंग-प्रस्तुति के भाव तथा रूप दोनों स्तरों में रचनात्मक व सृजनात्मक ढ़ंग से व्यवहार करने में निर्देशक की भूमिका महत्वपूर्ण होती है। प्रमुख रंग आलोचक गिरीश रस्तोगी निर्देशक की इसी भूमिका को इन शब्दों में प्रकट करती हैं—"सच्चाई यह है कि गम्भीर, संवेदनापूर्ण, कल्पनाशील निर्देश नाटक के टेक्स्ट को बदल देता है, उसे नया विज़न देता है, अपने जीवन-चिन्तन को, मूल्यों को, अपनी सोच को, एक संश्लिष्ट कला के माध्यम से अभिव्यक्ति देता है।"[6] जब कोई स्त्री, निर्देशक की भूमिका को अपना लेती है तो अवश्य रंगमंच के परम्परागत, रूढ़िवादी एवं पुरुष-केन्द्रित संरचना समग्र रूप से परिवर्तित हो जाती है। यहाँ दो बातें महत्वपूर्ण हैं। किसी पाठ का रंगमंच पर सफल प्रस्तुतीकरण निर्देशक का कर्तव्य होता है। स्त्रियों के अनुभव स्तर एवं विचार भिन्न होते हैं, अतः उस पाठ की स्त्री दृष्टि

से व्याख्या मंच पर हो जाती है। वहाँ पुरुष-दृष्टि का अधिप्रमाणन समस्याग्रस्त हो जाता है तथा पूरे रंगमंच का परिप्रेक्ष्य ही बदल जाता है। निर्देशक रंगमंच का संचालक होता है, प्रस्तुतीकरण के लिए आवश्यक विभिन्न तत्त्वों को मिलाकर चलाना उसी का कर्तव्य होता है। स्त्रियों में संचालन की शक्ति अधिक होती है। परिवार की जटिल संरचना को तन्मयता से संचालित करनेवाली स्त्रियाँ रंगमंच का संचालन भी क्रियात्मक ढ़ंग से अवश्य कर सकती है।

भारत के सन्दर्भ में महिला निर्देशकों को रंगमंच पर अपनी अस्मिता स्थापित करने का अवसर आसानी से नहीं मिला था। इसके लिए उन्हें कई कठिनाइयाँ झेलनी पड़ी थी। प्रमुख रंग आलोचक श्रीमती वन्दना वशिष्ठ के शब्दों में "रंगमंच में महिला निर्देशकों की भागीएदारी देखें तो पाएँगे कि रंगमंच में उन्हें अपनी बात कहने का अवसर आसानी से नहीं मिला। सबसे पहली चुनौती तो उनके सामने यही आई कि पुरुष वर्चस्ववाले इस खेल में उनका अपना स्थान हो, जिसे पाने के लिए उन्होंने भी उपलब्ध नाटक करने शुरू किए। उनकी रंग भाषा नाट्यप्रस्तुति के उसी व्याकरण से पनपने लगी जो लगभग स्थापित हो चुकी थी, चाहे वह दृश्यविधान हो, बिम्ब या कि कथाक्रम। जैसे-जैसे इनके काम को मान्यता मिलने लगी वैसे-वैसे छोटी-छोटी चीज़ों का उनका अपना दृष्टिकोण झलकने लगा।"[7] स्त्रीपक्षीय दृष्टि को साथ लेकर चलनेवाली महिला नाट्य-निर्देशकों ने रंगमंच पर परिव्याप्त पुरुष केन्द्रिता को चुनौती देते हुए नवीन बिम्ब, दृश्य-विधान, रंग-भाषा, अभिव्यक्ति-शैली आदि को विकसित करने का प्रयास किया। प्रदर्शन-स्थल, मंच-व्यवस्था, रंग-सामग्री, प्रकाश-योजना, ध्वनि-विन्यास आदि रंगमंच से जुड़ी विभिन्न पहलुओं में वे निरन्तर नवीन प्रयोग करते रहे हैं। इसके साथ-साथ स्त्री मुद्दों पर केन्द्रित विभिन्न विषय-वस्तुओं को भी रंगमंच पर लाने की कोशिश की गई। इस दौरान रंगमंच पर तकनीक का भी आगमन हुआ जिसमें डिजिटल छवियों, ध्वनियों, प्रकाश उपकरणों इत्यादि ने प्रस्तुति की संरचना को नवीन आयाम दिया। इनके द्वारा निर्देशित प्रस्तुतियों की सबसे बड़ी विशेषता यह है कि लिंग स्थिति सम्बन्धी समस्याएँ जो इनमें देखने को मिलता है अन्यत्र दुर्लभ है। और ऐसी प्रस्तुतियों के लिए इन्होंने प्रस्तुति के रूप विधान में समग्र रूप से परिवर्तन का कार्य किया। प्रमुख रंग आलोचक नन्दी भाटिया के विचार में "इन्होंने जेंडर के जिन प्रश्नों को मंच पर लाया उन्हें आधुनिक प्रदर्शनों में अब तक सम्बोधित ही नहीं किया गया था। इस प्रकार के काम से दो बातें सामने आई इसने अपने विषय पर इस तरह से विचार किया जैसे कि इन अनुभवों का अधिकाँश हिस्सा अब तक

अदृश्य रहा हो और तब इन अनुभव को ऐसे प्रस्तुत किया गया जिसने प्रचलित प्रदर्शन आख्यान को विस्थापित कर दिया।"[8] ऐसी रंगकर्मियों में अनुराधा कपूर, माया राऊ, अमाल अल्लाना, उषा गांगुली, त्रिपुरारी शर्मा, नीलम मानसिंह चौधरी, कीर्ति जैन, वीनापानी चौला, बी जयश्री, अनामिका हक्सर, नादिरा ज़हीर बब्बर, सी.वी. सुधी, सजिता मठात्तिल, के.वी.श्रीजा, जीवा, मंकई, रसिका अगाशे, मल्लिका तनेजा, रमनजीत कौर, शैलजा जे, कल्याणी मुलय, सोफिया स्टेफ, सविता रानी निम्रत कौर, श्रिया पिलागोंकार, पूजा देवारिया, प्रियंका पाठक, अर्पिता धगत, निम्मी राफेल, प्रीती आत्रेया, सुरभी, आशा देवी, संयुक्ता पी.सी., स्वीटी रूहेल, साबा आज़ाद, सीमा आज़मी, सायोन्ती साहू, दिव्या जगदाले, नन्दिनी राव, तन्वी पटेल, मल्लिका प्रसाद, रोबोजिता गोगोई, भागीरथी बाई, तोईजम शिला, भारती शर्मा आदि प्रमुख हैं। इनमें से कुछ महिला निर्देशकों के रंगकार्य में प्रत्यक्षत: स्त्री विमर्श के स्वर नहीं पाए जा सकते। फिर भी समकालीन भारतीय रंगमंच में पूरी ऊर्जा के साथ वे सक्रिय रूप से उपस्थित हैं।

जिस प्रकार नाट्य निर्देशन में महिलाओं ने अपने सृजनात्मक कार्यव्यापरों से रंगमंच की पुरुष केन्द्रिता को प्रश्नीकृत किया है उसी प्रकार नाट्य रचना, अभिनय इत्यादि पहलुओं में भी महिलाओं के अलग हस्तक्षेपों ने पूरे रंगमंच के तथाकथित स्वभाव को समग्र रूप से परिवर्तित करने का प्रयास किया है। उन्नीसवीं सदी के अन्तिम दशक से आधुनिक भारतीय रंगमंच में अभिनेत्रियों के रूप में महिलाएँ उपस्थित हो चुकी थीं। किन्तु इन अभिनेत्रियों द्वारा मंच पर जो स्त्री-छवि का रिप्रजेंटेशन होता रहा था, वह पितृसत्तात्मक सौन्दर्य संकल्पनाओं द्वारा रूपायित तथाकथित स्त्री-अभिकल्प पर ही केन्द्रित रहा था। अभिनेत्री की भूमिका मंच पर मात्र एक उपकरण के समान थी, जिसका संचालन एवं नियन्त्रण पुरुषों द्वारा ही होता था। जब स्त्रीपक्षीय विचारों ने रंगमंच की विभिन्न पहलुओं को प्रभावित करना शुरू किया तब से लेकर उन विचारों की झलक ने अभिनेत्रियों को भी परिवर्तित किया। तब से लेकर अभिनेत्रियाँ, विशेषकर स्त्रीपक्षीय नाट्य मंडलियों से जुड़नेवाली अभिनेत्रियाँ तथाकथित पुरुष-केन्द्रित स्टीरियोटाइप्स का मंच पर प्रतिनिधित्व करनेवाली उपकरण मात्र नहीं रहने लगी बल्कि नवीन देह भाषा और अभिनय शैली से स्त्रीत्व के स्वाभाविक एवं नैसर्गिक चेतना को मौलिकता के साथ मंच पर प्रयुक्त करनेवाली सृजनात्मक प्रयोक्ता के रूप में उभरकर सामने आई। भारतीय रंगमंच के क्षेत्र में ऐसी अनेक अभिनेत्रियाँ हैं जो सशक्त हस्तियों के रूप में समकालीन रंगमंच में अपना

क्रियात्मक योगदान देती आ रही हैं। अभिनेत्रियों के रूप में अपना सम्पूर्ण जीवन कला के लिए समर्पित करनेवाली इन महिलाओं ने कई संघर्षों को झेलते हुए रंगमंच पर स्त्री के निजी स्वत्त्व को स्थापित करने की अहम भूमिका निभाई हैं। इनमें जुड़ी जोहरा सहगल, कमलिनी मेहता, उषा सहाय, उषा बनर्जी, सविता बजाए, उत्तर बावकार, सुरेखा सीकरी, सुधा शिवपुरी, सुषमा सेठ, वीणा मेहता, अंजला महर्षि, सबीना मेहता, सीमा भार्गव, हेमा सहाय, हिमानी शिवपुरी, सलीमा राजा, सविता कुन्द्रा, अमला राय, सीमा बिश्वास, राशि बनी, हरविन्दर कौर, दक्षिणा शर्मा, निधि मिश्रा, सीमा आजमी, मीता मिश्रा, अदिति बिश्वास, असीमा भट्ट, दक्षा शर्मा, शिल्पी मारवाह, साजिदा, नियति राठौड़, सत्याकेती, प्रतिभा अग्रवाल, स्वर्ण चौधरी, श्यामा जैन, रेनू राय, वीणा कीयालू, पल्लवी मेहता, यामा सराफ, गीता जानी, चेतना जालान, डाली बसू उर्फ़, उमा झूँझून्वाला, विनीता रेलीन, निहारिका, कुसुम गुप्ता, अरुणा कपूर, पापिया दास, सरोज शर्मा, रीता भादुड़ी वर्मा, प्रीती झा, पल्लवी बेन्द्रे, सुरभी बोरदिया, पद्मजा रघुवंशी, नुपूर मुंशी, मनीषा व्यास, शीला व्यास, पल्लवी किशन, अर्चना, चित्रा मोहन, मृदुला भरद्वाज, कुमकुम धर, शोभना अग्रवाल, चित्रा सिंह, भानुमती सिंह, सन्ध्या गुप्ता, सन्ध्या रस्तोगी, प्रीता माथुर, सुनीला प्रधान, गीता गुहा, हीबा शाह, प्रीती दुबे, अनीता प्रधान, अम्बिका कमल, रमा पांडे, मोना झा, अनुभा फतेपुरिया, निवेदिता भार्गव, रमनजीत, कौर, उषा गांगुली, नूतन मिश्रा, सबरजीत कौर, वन्दना शर्मा, अंजना चिटनिस, कमल अहलूवानिया, शीरी अरोड़ा, मृनामोई बिश्वास, सविता रानी, माया राव, नेहा सिंह, किरण खोजे, पूर्वा भावे, एस. श्रीलता, सजिता मठत्तिल, के.वी.श्रीजा, नजमुल शाही, कनी, आतिरा,आई.जी.मिनी, जे.शैलजा, सी.वी.सुधी, सी.एस. चन्द्रिका, कुक्कू परमेश्वरन, आशा देवी, भानुमती, हिमा शंकर, निधि शास्त्री, मालू आर.एस., रजिता, सुरभी, जिषा, मेयबी, सुनिता आदि के नाम विशेष उल्लेखनीय हैं।

अभिनेत्रियों के समान महिला नाट्य रचनाकारों ने भी समकालीन रंगमंच के विकास में अपनी महत्वपूर्ण भूमिका अदा की है। समकालीन दौर में महिलाएँ ऐसी नाटकों की रचना करने लगी हैं, जो स्त्री-जीवन के विभिन्न आयामों की मार्मिक अभिव्यक्ति के तौर पर काफी सक्षम दिखाई देते हैं। महिला नाटककारों ने शारीरिक शोषण, स्त्री अस्मिता के प्रश्न, रूढ़िवादी सामाजिक व्यवस्था, नैतिक कुरीतियाँ, पारिवारिक समस्याएँ, स्त्री पुरुष सम्बन्ध, मजदूर स्त्री की समस्याएँ, समकालीन जीवन के तनाव आदि स्त्री जीवन से सम्बन्धित मार्मिक विषयों को अपनी रचनाओं में शामिल करने की कोशिश की है। महिला

नाटककारों में प्रमुख हैं मंजुला पद्मनाभन, पॉली सेनगुप्ता (अंग्रेजी), कुसुम कुमार, मीराकान्त, नादिरा बब्बर, मृदुला गर्ग, त्रिपुरारी शर्मा, मन्नू भंडारी, उषा गांगुली, मैत्रेई पुष्पा, गीतांजलिश्री, वर्षा दास (हिन्दी), विनोदिनी (तेलुगु), बी जयश्री (कन्नड़), शाओली मित्रा (बंगाली), सुषमा देशपांडे (मराठी), वी पद्मा मंकई (तमिल), वर्षा अड़लजा (गुजराती), सजिता मठत्तिल, सुरभि, राजराजेश्वरी (मलयालम) आदि।

रंगमंच के प्रमुख अंगों में पार्श्व-कर्म का स्थान महत्वपूर्ण होता है। किसी भी रंगमंचीय प्रस्तुति को सफल बनाने में पार्श्व कर्मों की जो भूमिका होती है, वह अद्वितीय है। अभिनेत्रियों व निर्देशकों के रूप में महिलाओं की उपस्थिति समकालीन भारतीय रंगमंच के क्षेत्र में जिस प्रकार सजीव रही है, उस प्रकार की एक सजीवता पार्श्व-कर्म के क्षेत्र में नहीं पाई जा सकती। फिर भी समकालीन दौर में प्रकाश-योजना, संगीत एवं ध्वनि विन्यास, परिधान परिकल्पना, सेट-डिजाइन, कॉस्ट्यूम डिज़ाइन आदि पर्श्वकर्मों में कुछ महिलाएँ अपनी सृजनात्मक क्षमता अभिव्यक्त करती आ रही हैं। उनमें प्रमुख हैं रोशन अल्काज़ी, मोनिका मिश्रा तनवीर, अमाल अल्लाना, डॉली अहलूवालिया, सुलेखा चौधरी, अनिला सिंह, मृदुला भरद्वाज, सबीना मेहता, प्रेमा कारन्त, कृति शर्मा मालू आर.एस., निधि, सुरभी, सुनिता आदि।

समकालीन स्त्रीपक्षीय रंगमंच के विकास में महिला एकल रंगकर्मियों का योगदान भी अत्यन्त महत्वपूर्ण है। समकालीन दौर में प्रयुक्त महिला एकल नाट्य-प्रदर्शनों ने लिंग-वर्चस्व को प्रश्नीकृत करते हुए रंगमंच पर अपनी अलग अनुभवों की दुनिया को उजागर किया है। स्त्रियों के सत्वर एवं अस्तित्वपरक समस्याओं को सम्बोधित करनेवाली महिला एकल रंगाभिव्यक्तियों में स्त्रीत्व सम्बन्धी सभी रूढ़ प्रारूपों (sterotypes) को तोड़ने के साथ-साथ स्त्रीत्व की स्वाभाविक चेतना को आत्मसात करनेवाली है। डांस, थिएटर तथा परफॉर्मेंस आर्ट आदि के तत्त्वों को ग्रहण करते हुए रूपायित महिला एकल नाट्य प्रयोग स्त्रियों के सोलो म्यूटड वौइस् का प्रतिनिधित्व करनेवाले हैं। इस प्रकार का एक परिवर्तन रंगमंच के क्षेत्र में एक नूतन रंग संस्कार को उजागर करता आ रहा है। माया राऊ, ज्योति दोगरा, मीरा अरुण, पद्मिनी चेतूर, मल्लिका तनेजा, जिषा, सविता रानी, आशा देवी, निम्मी राफेल, सुरभी, सजिता मठत्तिल आदि रंगकर्मियों द्वारा रूपायित एकल नाट्य-प्रस्तुतियाँ स्त्री की अस्मिता को गहरे रूप में अभिव्यक्त करनेवाली हैं। स्त्रीपक्षीय विचारों से किसी-न-किसी रूप में प्रभावित इन एकल रंगाभिव्यक्तियों की अन्तर्वस्तु में स्त्री के विशेष अनुभव,

स्त्री का स्वत्त्व बोध, स्त्री की समस्याएँ आदि की गहरी अभिव्यक्ति पाई जा सकती है। साथ ही इन एकल नाट्यों की नवीन रूप-संरचना एक अलग ढ़ंग की दर्शकीय आदत या देखने की एक नई शैली को विकसित करने में काफी सफल होता भी दिखाई देता है।

स्त्रीपक्षीय रंगकर्म के सृजनात्मक हस्तक्षेप

किसी भी नाट्य-प्रस्तुति के मूलभूत तीन प्रमुख तत्त्व होते हैं—अन्तर्वस्तु, रूप संरचना एवं दर्शकीय अनुभूति। इन तीनों तत्त्वों के परिप्रेक्ष्य में स्त्री-पक्षीय रंगकर्म पर विचार किया जाए तो ज़रूर कहा जा सकता है कि महिला रंगकर्मियों ने भारतीय रंगमंच के परिदृश्य को ज़्यादा व्यापक, संवेदनशील और मानवीय बनाया है। महिला रंगकर्मियों द्वारा निर्देशित नाट्य प्रस्तुतियों की सामान्य विशेषताएँ निम्नलिखित हैं—

1. स्त्रीपक्षीय चिन्तन से प्रभावित एवं स्त्रीत्वपरक अनुभवों को उजागर करनेवाली अन्तर्वस्तुओं से सम्पन्न नाट्य-प्रस्तुतियाँ।
2. पारम्परिक रंग-भाषा की पुरुष-केन्द्रिता को तोड़कर स्त्रीपक्षीय सौन्दर्य चेतना को स्थापित करनेवाली रूप-संरचना से युक्त नाट्य-प्रस्तुतियाँ।
3. तथाकथित दर्शनीय आदतों को बदलकर एक प्रति-दर्शकीय अनुभूति को विकसित करनेवाली रंगमंचीय प्रस्तुतियाँ।

अन्तर्वस्तु : स्त्री जीवन के विभिन्न आयाम

किसी भी नाट्य प्रस्तुति के माध्यम से रंगकर्मी (नाटककार, निर्देशक, अभिनेता, तकनीकी कार्यवाहक) सामूहिक रूप से दर्शकों के सम्मुख जो अभिव्यक्त करना चाहते हैं, उसी को उस नाट्य प्रस्तुति की अन्तर्वस्तु या विषयवस्तु कहा जा सकता है। कोई भी नाट्य प्रस्तुति तभी सफल होती है, जब उसकी अन्तर्वस्तु प्राणवान हो। अर्थात् दर्शक के मन को आन्दोलित एवं प्रभावित करनेवाली अन्तर्वस्तु रंगमंचीय प्रस्तुति का अनिवार्य तत्त्व है। सत्ता की भाषा और संस्कृति चूँकि पुरुष-प्रधान रही है इसलिए पुरुष के अनुभवों को ही रंगमंच में भी प्रधानता दी जाती है। स्त्री-स्वत्त्व को उसकी गहराई के साथ उद्घाटित करनेवाली विषय-वस्तु रंगमंच पर बहुत कम ही देखने को मिलती है। ऐसी सत्तात्मक जकड़ में स्त्री के प्रति वस्तुपरक दृष्टिकोण ही होता रहता है। इस

अवस्था में परिवर्तन लाने के विशेष उद्‌देश्य से महिला निर्देशकों ने अपने रंगमंचीय प्रदर्शनों को रूपायित करते समय ऐसी अन्तर्वस्तुओं को बोधपूर्वक चुनने की कोशिश की है जो स्त्री जीवन से जुड़नेवाली है। उन्होंने समाज में सदैव दोयम दर्जे पर रखी जानेवाली स्त्री की अवस्था तथा उसके द्वारा झेले जानेवाले शोषण को केन्द्र में रखकर, स्त्री जीवन के विविध पक्षों को उजागर करनेवाले विषयों को नाट्य प्रस्तुति की अन्तर्वस्तु बनाई एवं प्रतिरोधी स्वर को रंगमंच के माध्यम से उठाया।

समाज स्त्री की बुराई-भलाई के निर्णय के एकक के रूप में उसके देह को स्वीकारता है। अपने देह की संवेदनाओं तृष्णाओं एवं प्रतिरोध को सूक्ष्म रूप से निजीकृत किए जाने पर उसकी जैविक प्रतिक्रियाएँ दुर्बल हो जाती हैं। इससे स्त्री के देह का कर्तृत्व नष्ट हो जाता है और वह बेचने-खरीदने और अत्याचार सहने की वस्तु मात्र रह जाती है। इस विचार को गहराई से अभिव्यक्त करनेवाली नाट्य प्रस्तुति है उषा गांगुली द्वारा निर्देशित 'हम मुक्तारा', जो स्त्री के प्रति होनेवाले दैहिक हिंसा, अन्याय, मानवाधिकार हनन, बलात्कार आदि मुद्‌दों पर विशेष रूप से बल देनेवाली है। वर्ष 2002 में पाकिस्तान के मीरवाला नामक दरिद्र गाँव में मुख्तार नाम की एक महिला का स्थानीय कबीले के आदेशों पर, उसके भाई की कथित रूप से की गई अविवेकपूर्ण हरकत की सज़ा के बदले में बलात्कार किया गया था। वहाँ के रस्मोरिवाज़ के अनुसार बलात्कार होने और 'कलंक' लगने के बाद उसे आत्महत्या कर लेनी चाहिए थी। लेकिन मुख्तार ने इस अन्याय के विरुद्ध आवाज़ उठाई, जिसको मीडिया ने राष्ट्रीय और अन्तर्राष्ट्रीय स्तर पर तवज्जो दी। मुख्तार के जीवन की वास्तविक कहानी पर आधारित यह नाटक एक ओर महिला उत्पीड़न की भयावह स्थिति का खुला चित्रण है तो दूसरी ओर पितृसत्तात्मक व्यवस्था के खिलाफ स्त्रियों के प्रतिरोध का सशक्त प्रतिनिधान। इस नाटक के सम्बन्ध में निर्देशक उषा गांगुली व्यक्त करती है कि—"देश में महिलाओं के साथ हिंसा की घटनाएँ, दहेज हत्या, बाल विवाह, सम्मान की रक्षा हेतु हत्या, भ्रूण हत्या, बलात्कार आदि में वृद्धि हो रही है। मैं उस दर्द, यातना, अपमान और बेबसी को दिखाना चाहती हूँ जिससे पीड़िता और उसका परिवार गुज़रता है।" स्त्रियों पर होनेवाले दैहिक अत्याचार के एक और आयाम को प्रस्तुत करनेवाला नाटक है कीर्ति जैन द्वारा निर्देशित 'और कितने टुकड़े'। इस नाट्य प्रस्तुति में चार महिला पात्रों के आत्मकथात्मक आख्यानों के माध्यम से विभाजन के हिंसात्मक स्वरूप को दर्शाया गया है। इस नाट्य प्रस्तुति की अन्तर्वस्तु उर्वशी भूटालिया की

पुस्तक 'द अदर साइड ऑफ साइलेंस' से प्रभावित है। विभाजन की भयावहता को प्रस्तुत करने के साथ-साथ यह नाटक उस दौरान महिलाओं के शरीर पर हुए लैंगिक हिंसा के मुद्दों को भी अभिव्यक्त करता है। नाटक उन चार महिलाओं (ज़ैदिया, विमला, शहीदा और हरनाम कौर) के अनुभव पर ध्यान केन्द्रित करता है, जो 'सम्मान' की पितृसत्तात्मक अवधारणा के तहत सामूहिक बलात्कार, विकृति और जबरन निर्वासन से बची हुई हैं।

सन् 2012 में दिल्ली में घटित गेङ रेप के विरोध में प्रमुख रंगकर्मी माया राऊ द्वारा निर्देशित एवं अभिनीत एकल नाट्य प्रदर्शन है 'द वॉक'। अपनी सुरक्षा के प्रति डर के बिना भारत की स्त्री को शहरों में दिन-रात सड़कों पर चलने के मानवाधिकार के सम्बन्ध में बोलनेवाला यह नाटक कुछ विशेष मांगों को दर्शक के सम्मुख रखता है। वे हैं—हम महिलाओं को बिना किसी भय से चलना है, बस पर बैठना है, पार्क में जाकर लेटना है, और अँधेरे से न डरकर जीना है। ऐसी बातों की मांग करनेवाला यह नाटक स्त्री के प्रति हो रहे यौन शोषण, स्त्रियों की सुरक्षा पर सरकार व पुलिस की असावधानी आदि पर घोर प्रहार करता है। इस नाट्य-प्रस्तुति में माया जी राष्ट्र के अधिकारी वर्ग और पुलिस से ऐसा अनुरोध करती हुई कहती है कि हमें एक ऐसा क़ानून दीजिए, जो महिलाओं को पुरुष हिंसा से बचा सकता है और हमें एक ऐसी दुनिया दें जहाँ महिलाएँ बिना कोई हिचक के साथ 'न' कह सकती है, जहाँ 'कन्सेंट' का वास्तविक अर्थ पहचाननेवाले होते हैं। माया राऊ इस बात पर ज़ोर देती हैं कि महिलाओं की सुरक्षा राष्ट्र का दायित्व है। पुलिस और अधिकारी वर्ग की उदासीनता पर वे अपनी नाट्य-प्रस्तुति के माध्यम से प्रतिरोध करती है।

राष्ट्रीय नाट्य विद्यालय की स्नातक रसिका अगाशो द्वारा निर्देशित 'म्यूज़ियम ऑफ़ स्पीशिस इन डेंजर' भी स्त्री शरीर के वस्तूकरण और बलात्कार के मुद्दों को उठानेवाला नाटक है। दिल्ली में 2012 में हुए नृशंस बलात्कार की प्रतिक्रया के रूप में लोगों ने अपने सदमे और रोक की अभिव्यक्ति पूरे देश में विभिन्न तरह के विरोधों द्वारा की। इस नाटक को प्रस्तुत करनेवाले दल का माध्यम था रंगमंच। इसकी गहन खोजबीन का अन्त हुआ उसके अपने मानस और स्व की पड़ताल पर। तब उन्हें यह अहसास हुआ कि मात्र एक मादा होने की बजाए एक स्त्री होना कहीं अधिक मायने रखता है। प्राचीन पौराणिक युग से समकालीन युग तक बदलते हुए समय में नारी के अधिकारों को खोजते-खोजते उन्होंने कई ऐसी चीज़ों को ढूंढ़ निकाला जो अच्छी थी या बुरी, वांछनीय थी या अवांछनीय, पर उनका अनुगमन आज भी जारी है। यदि एक स्त्री आज भी

इन चीज़ों को भोग रही है, अलग-अलग रूपों में ही सही, तो फिर क्यूं न इनका दस्तावेजीकरण हो या सम्भवत: और बेहत्तर होगा संग्रहालयों में इनका संग्रहण करना। इस नाटक के सम्बन्ध में निर्देशक रसिका अगाशो स्पष्ट करती है कि—"आज की वास्तविक सच्चाई को जानते हुए यह बिलकुल गलत न होगा यदि हम विशेष प्रजाति को नारी कहें जो कि खतरे में है। आइए हम इस संग्रहालय (म्यूज़ियम) को इस नाटक 'म्यूज़ियम ऑफ़ स्पीशिस इन डेंजर' में देखते हैं।" कुछ पौराणिक कथाओं, समसामयिक दुनिया और साहित्यिक रचनाओं में से संकलित नारी एकल संवादों के माध्यम से इस नाटक की प्रस्तुति हुई है। इस नाटक में सीता, द्रौपदी, शूर्पनखा, चित्रांगदा जैसे पौराणिक चरित्रों के माध्यम से महिलाओं की हालत की ओर ध्यान खींचने की कोशिश की गई है। सीता को देवी होने के बाद भी अग्नि परिक्षा देनी पड़ी थी और इसे सही भी माना जाता है लेकिन 'अग्नि-परिक्षा' जैसी चीज़ें ही रेप को बढ़ावा देती हैं। इस प्रकार के एक विचार को आत्मसात करनेवाली यह नाट्य-प्रस्तुति सीता के अलावा द्रौपदी, शूर्पणखा, चित्रांगदा जैसी पात्रों के साथ हुए अन्यायों को भी वर्तमान स्थिति के साथ जोड़कर देखती है। नाटक में शूर्पनखा पूछती है, "मेरी गलती बस इतनी थी कि मैंने राम से अपने प्यार का इज़हार कर दिया था ? इसके लिए मुझे कुरूप बना देना इन्साफ है ?" शूर्पणखा सवाल उठाती है, "अगर शादीशुदा आदमी से प्यार करना गलत है तो राम के पिता की तीन पत्नियाँ क्यों थीं ?" उसी प्रकार द्रौपदी का पात्र मंच पर बोलती है कि—"कुन्ती ने हमारा सेक्स टाईमटेबल बनाया ताकि किसी भाई के कम या ज़्यादा दिन न मिलें।" अपने नाटक की विषय-वस्तु के सम्बन्ध में आगे रसिका जी कहती हैं कि—"ये पहली बार नहीं है कि किसी ने द्रौपदी और सीता के दर्द को लिखने की कोशिश की है और उस वक्त धर्म कहाँ जाता है जब किसी लड़की का रेप हो जाता है।" इस नाटक के माध्यम से महिलाओं के खिलाफ बढ़ती यौन-हिंसा को ऐतिहासिक और वैचारिक धरातल पर विश्लेषित करने की कोशिश की गई है। मिथकीय कथा-सन्दर्भ तथा उनमें उपस्थित स्त्री चरित्रों के माध्यम से वर्तमान स्त्रियों की समस्याओं एवं उनकी हालत की ओर ध्यान खींचनेवाली एक और नाट्य प्रस्तुति है 'अग्निपथ'। इसका निर्देशन कन्नड़ की वरिष्ठ रंगकर्मी बी जयश्री ने किया है। पौराणिक काल से लेकर आज तक भारतीय समाज में कैसे स्त्रियों को हमेशा हाशिए पर खड़ा किया गया, कैसे उनका लगातार उत्पीड़न होता रहा, कैसे कभी पत्नी के नाम पर, कभी प्रेमिका के नाम पर, तो कभी बेटी के नाम पर उसका निरन्तर शोषण किया गया इत्यादि बातों को व्यक्त रूप से

प्रस्तावित करनेवाली नाट्य-प्रस्तुति है अग्निपथ। नाटक में महाभारत के स्त्री पात्र अम्बा, गान्धारी, कुन्ती, माद्री और द्रौपदी अपनी दुरावस्था को प्रश्नांकित करती हैं तथा पितृसत्तात्मक व्यवस्था से सवाल भी करती हैं।

मलयालम की प्रमुख युवा रंगकर्मी सुरभी द्वारा रचित, निर्देशित एवं अभिनीत एकल नाट्य प्रस्तुति है 'घोरराक्षसम' जो मिथक के माध्यम से आदिवासी स्त्री के जीवन की दुर्दशा को व्यक्त करनेवाली है। श्रीमद् भागवत् पुराण से चुनी हुई विषयवस्तु के अनुसार 'पूतना' राजा कंस द्वारा बालक श्रीकृष्ण की हत्या के लिए नियुक्त राक्षसी थी। वह सुन्दरी रूप धारण करके वृन्दावन में जाकर स्तनपान के बहाने कृष्ण को मारना चाहती है। लेकिन कृष्ण उससे बचता है तथा उसका वध कर देता है। 'घोरराक्षसम' नाटक में सुरभी जी ने पूतना को एक साधारण आदिवासी स्त्री के रूप में चित्रित किया है, जो जंगल में बसनेवाली है तथा प्रकृति के साथ अटूट रूप में सम्बन्धित है। अपने छोटे बच्चे की देख-रेख करती हुई पूतना को कंस के सैनिक पकड़ लेते हैं तथा बालक कृष्ण के वध के लिए उसे नियुक्त करते हैं। किन्तु पूतना इससे इनकार करती है क्योंकि वह एक छोटे बच्चे की हत्या करने के लिए तैयार नहीं थी। तब कंस ने यह शर्त निकाला कि अगर अपने बच्चे को वापस मिलना है तो पूतना को कृष्ण का वध करना पड़ेगा। अपने बच्चे को वापस पाने के लिए मजबूरन उसे कृष्ण-वध के लिए तैयार होना पड़ता है और अन्त में कृष्ण द्वारा उसकी हत्या भी हो जाती है। यहाँ सत्ता के लिए आदिवासी स्त्री मात्र एक खिलौने की तरह है। अपनी इच्छाओं की पूर्ति के लिए कंस ने पूतना के जीवन को कुर्बान किया। इस नाटक के सम्बन्ध में निर्देशक सुरभि जी व्यक्त करती हैं—'घोरराक्षसम' नाटक में मैंने पूतना नामक मिथकीय पात्र को ऐसा एक रूप दिया है, जिसमें मातृत्व का सहज भाव समाविष्ट है, तथा वह प्रकृति से मिल-जुलकर जीनेवाली एक आदिवासी महिला है। एक आदिवासी स्त्री किस प्रकार सत्ता या पुरुष-वर्चस्व की वस्तु मात्र रह जाती है, इसका चित्रण इस नाटक का मुख्य उद्देश्य है।

महाभारत की महान पात्र अम्बा के चरित्र की पुनर्व्याख्या पर केन्द्रित नाट्य प्रस्तुति है 'फ्रोज़न फायर'। इसका निर्देशन तमिल की प्रमुख रंगकर्मी वी पद्मा मंगई द्वारा हुआ है। महाभारत की पात्र अम्बा काशी नरेश की पुत्री थी। उसकी दो बहनें थीं अम्बिका और अम्बालिका। राजा ने तीनों पुत्रियों के लिए स्वयंवर आयोजित किया था। इस स्वयंवर में भीष्म बिना बुलाए पहुंच गए थे और तीनों राजकुमारियों का बलपूर्वक हरण करके हस्तिनापुर ले गए थे।

भीष्म तीनों राजकुमारियों से अपने सौतेले भाई विचित्रवीर्य से विवाह करवाना चाहते थे। अम्बिका और अम्बालिका ने तो विचित्रवीर्य से विवाह कर लिया। लेकिन अम्बा विवाह के लिए तैयार नहीं थी क्योंकि उसने राज शाल्व को मन से अपना पति मान लिया था। यह सुनकर भीष्म ने उसे राजा शाल्व के पास भिजवा दिया। भीष्म द्वारा हरण किया जाने के कारण राजा शाल्व ने अम्बा को स्वीकार नहीं किया। अम्बा फिर से हस्तिनापुर पहुंच गई। वहाँ भी विचित्रवीर्य ने उसे अपनाने से मना कर दिया। इसके बाद अम्बा ने भीष्म से विवाह करने को कहा, इस पर भीष्म ने कहा कि मैंने आजीवन ब्रह्मचारी रहने की प्रतिज्ञा की है, मैं विवाह नहीं कर सकता। हर तरफ से निराश होने के कारण उसने प्रतिज्ञा की कि जब तक भीष्म से उसकी भयानक दुर्दशा का बदला नहीं लिया जाता, तब तक वह चैन से नहीं बैठेगी। इसके बाद अम्बा ने शिवजी को प्रसन्न करने के लिए तप किया। अम्बा की तपस्या से शिवजी प्रसन्न हुए और उसके सामने प्रकट हुए। तब अम्बा ने शिवजी से कहा कि मुझे वर दीजिए कि मेरी वजह से ही भीष्म की मृत्यु हो। शिवजी ने कहा कि ऐसा तुम्हारे इस जन्म में नहीं हो पाएगा। इसके लिए तुम्हें दूसरा जन्म लेना होगा। अम्बा ने भीष्म से बदला लेने के लिए अपना जीवन समाप्त कर दिया। अगले जन्म में अम्बा शिखंडी के रूप में राजा द्रुपद के यहाँ जन्मी। राजा ने राजकुमारी का पालन पुरुष की तरह ही किया था। मंगई का नाटक दर्शकों और पाठकों को अम्बा के शिखंडी में परिवर्तन की कहानी की ओर ले जाता है। शिखंडी स्त्री की तथाकथित कोमलता को पीछे छोड़ने और पुरुष शरीर की ताकत हासिल करने के लिए कठोर अनुशासन से गुजरती है। यहाँ शिखंडी का स्त्री शरीर से पुरष शरीर में परिवर्तित होने की प्रक्रिया से यह बात स्पष्ट हो जाती है कि किसी व्यक्ति का लिंग-स्वत्त्व कोई स्थिर प्राकृतिक सार नहीं है बल्कि क्रियाओं की एक शृंखला द्वारा गठित सांस्कृतिक निर्मिति है।

माया कृष्ण राऊ द्वारा निर्देशित एवं अभिनीत एकल नाट्य प्रस्तुति है 'लेडी मैकबेथ रीविसीटेड'। यहाँ माया कृष्ण राऊ विलियम शेक्सपियर के विख्यात नाटक मैकबेथ के नाट्य पाठ से लेडी मैकबेथवाली पात्र को निकालकर उसके स्वतन्त्र व वैयक्तिक अस्तित्व की खोज करती हैं। मैकबेथ से शादी करने के पहले लेडी मैकबेथ कौन थी, उसका व्यक्तित्व कैसा था तथा मैकबेथ के रहस्यमय राजसी कुचक्र में प्रवेश करने के बाद क्या उसने अपना सहज स्वत्त्व खो दिया और क्या इसीलिए वह हत्या व आत्मविनाश के पथ पर चल पड़ी। इस प्रकार के अन्वेषणों से गुजरनेवाले इस नाटक में शेक्सपियर के मूल नाटक

मैकबेथ को एक अलग दृष्टि से देखने का प्रयास भी किया गया है।

उषा गांगुली की सबसे बहुचर्चित प्रस्तुति है रुदाली जो महाश्वेतादेवी के उपन्यास का स्वतन्त्र नाट्य रूपान्तरण है। इसमें उत्तर औपनिवेशिक भारत में दलित स्त्रियों की अवस्था तथा उनके द्वारा झेले जानेवाले जीवन-संघर्षों एवं अनुभवों का स्त्रीवादी दृष्टि से अभिव्यक्ति देखी जा सकती है। इसलिए उषा जी की रुदाली महाश्वेता देवी के उपन्यास रुदाली से थोड़ा अलग है। अमरीका की प्रमुख नाट्य आलोचक एवं रंगकर्मी एरिन बी मी का मत यहाँ उल्लेखनीय है। उन्होंने अपनी पुस्तक 'ड्रामा कंटेम्पोररी इंडिया' में महाश्वेता देवी के उपन्यास की तुलना में उषा गांगुली के नाटक का विश्लेषण करते हुए कहा है कि "गांगुली का नाटक वर्ग से लिंग पर ज़्यादा जोर देता है।"[9] नाटक की केन्द्रीय चरित्र सनीचरी एक दलित स्त्री है। जातीय शोषण के अलावा सनीचरी को अपने स्त्रीत्व के ऊपर निरन्तर अपमान भी सहना पड़ता है। सनीचरी की कथा के माध्यम से उषा जी ने एक दलित स्त्री के अतिजीवन के संघर्षों तथा असंख्य अन्य स्त्रियों के अनुभवों का भी चित्रण किया है, जो उच्च वर्ग के शोषण की निरन्तर शिकार बनी रहती है। इस नाटक में उषा जी ने दलित स्त्रियों के दो रूपों का प्रतिनिधित्व प्रस्तुत किया है। पहला संघर्ष करनेवाली दलित स्त्री और दूसरा विनम्र एवं असन्तुष्ट दलित स्त्री। नाटक की मुख्य पात्र सनीचरी और बिखनी दोनों अपने अतिजीवन के लिए संघर्ष करनेवाली हैं। अन्य पात्र प्रतिभा और उसकी सहेलियाँ अपने विनम्र स्वभाव के कारण पुरुष वर्चस्व का निरन्तर शोषण सहते हुए पूरा जीवन बर्बाद कर देनेवाली हैं। केन्द्र पात्र सनीचरी स्वयं की जिम्मेदारी दूसरों के कन्धे पर रखे बिना खुद सम्भालनेवाली आत्मनिर्भर स्त्री है। अपने पति और बेटे की मृत्यु के बाद वह अपनी आजीविका चलाने के लिए रुदाली का काम अपनाती है। बिखनी भी उसका साथ देती है, जो सनीचरी की आत्म मित्र है। पूरे नाटक के ज़रिए उषा जी दो बातों को दर्शकों के सम्मुख स्पष्ट करती है। पहली, स्त्री की सुरक्षा पुरुष के हाथों में नहीं है और दूसरी,स्त्री चाहे इस सामाजिक व्यवस्था में गरीब हो या अमीर हमेशा यौन सम्बन्ध के लिए उपयुक्त केवल वस्तु होती है। दलित स्त्रियाँ तिहरे शोषण का शिकार होती है। जातीय, लिंगपरक एवं आर्थिक शोषण के तिहरे स्वरूप को झेलनेवाली दलित स्त्रियों के जीवन के यथार्थ को प्रस्तुत करनेवाले इस नाटक में सनीचरी का सशक्त चरित्र स्त्रियों को आत्मनिर्भर बन जाने का सन्देश देता है।

रवीन्द्रनाथ ठाकुर कृत 'चंडालिका' नाटक का निर्देशन उषा गांगुली ने बड़ी सफलतापूर्वक किया है। हमारे समाज में सदियों से चल रही छुआछूत, ऊँच-

नीच का भेदभाव जातपात की प्रथा आदि आज भी कायम है। भले ही समय के अनुसार उसका रूप और तरीका बदल गया हो। इस पर प्रहार करनेवाला नाटक 'चंडालिका' संवादों के माध्यम से नई व्यवस्था, नई सोच लाने को प्रेरित करता है। उषा गांगुली ने इस नाटक में इन समस्याओं को दो दलित स्त्री पात्रों के जीवन संघर्षों के माध्यम से व्यक्त करने का प्रयास किया है। नाटक की प्रमुख दो पात्र हैं प्रकृति और उसकी माँ। माँ जादू टोना करनेवाली एक दलित स्त्री है। समाज के अन्य लोग इन स्त्रियों को अछूत मानकर अपने पास आने भी नहीं देते। दही, चूड़ी या अन्य वस्तु बेचनेवाली महिलाएँ भी उससे दूर रहते हैं। नाटक में दिखाया गया है कि एक बस्ती में सभी पानी के लिए परेशान हैं, नदी-नाले सब सूख गए हैं, ऐसे में चंडाल परिवार की महिला माया को सभी तन्त्र-मन्त्र के सहारे बारिश कराने के लिए कहते हैं। जब समाज के लोगों को उससे काम लेना होता है तब सब प्यार से बातें करते हैं, लेकिन अन्य समय में कदम-कदम पर उन्हें भेदभाव झेलना पड़ता है। दलित स्त्रियों के मानसिक संघर्ष, तिरस्कृत सामाजिक स्थिति, दुस्सह जीवन आदि को बड़े मार्मिक ढ़ंग से उषा गांगुली ने इस नाटक द्वारा प्रस्तुत किया है। इस नाट्य-प्रस्तुति के सम्बन्ध में केरल के प्रमुख दलित विचारक डॉ. अजय शेखर ने बताया है कि "यह नाटक अस्पृश्यता के खिलाफ उठाया गया एक सांस्कृतिक एवं राजनीतिक बयान है। जाति और आभिजात वर्ग का वर्चस्व पूरे देश में तथा क्षेत्रीय भाषाई संस्कृति के सभी स्थानों में समकालीन और प्रासंगिक समस्या है। उषा गांगुली ने इस नाटक में प्रकृति और उसकी माँ जैसी दो स्त्रियों की जीवन अवस्थाओं को महत्त्व देते हुए प्रस्तुत किया है।"[10] रवीन्द्रनाथ ठाकुर की रचना दलित पर केन्द्रित है तो उषा गांगुली की प्रस्तुति में स्त्री की विशेष अवस्था को भी प्रधानता के साथ अभिव्यक्त करने का प्रयास है।

मिर्जा हादी रुसवा के बहुचर्चित उपन्यास 'उमराव जान अदा' का नाट्य रूपान्तरित प्रस्तुति है अनुराधा कपूर द्वारा निर्देशित 'उमराव'। इस नाट्य प्रस्तुति की अन्तर्वस्तु मूल कृति की पुरुष केन्द्रित दृष्टि से रूपायित आख्यान को विखंडित करनेवाली है। एक तवायफ के जीवन को दर्शानेवाला यह नाटक तवायफ की रूढ़िबद्ध छवि पर सवाल उठाता है और महिलाओं को यौन वस्तु के रूप में देखने की नैतिक मान्यताओं पर घोर प्रहार भी करता है। रुसवा के उपन्यास के अन्त में बूढ़ी और परित्यक्त उमराव अन्य महिलाओं को उनके पतित मार्ग का अनुसरण न करने की चेतावनी देती है तथा नैतिक मूल्यों को नष्ट किए बिना जीने की सलाह भी देती है। किन्तु अनुराधा कपूर के नाटक की

पात्र उमराव खुद को एक गिरी हुई महिला के रूप में नहीं देखती है। वह जीवन की सकारात्मक और नकारात्मक दोनों स्थितियों के बारे में बात करती है तथा खुद को एक बुद्धिमती महिला के रूप में परिभाषित करती है न कि एक वेश्या के रूप में और दावा करती है कि उसने जीवन की अनिश्चितता को बौद्धिक और रचनात्मक रूप से सम्भाला है। उमराव के अन्तर्मन की संवेदनाओं और भावनाओं को स्त्रीपक्षीय दृष्टि से उजागर करने में नाटक सक्षम रहा है।

महाराष्ट्र की सशक्त रंगकर्मी सुषमा देशपांडे द्वारा रचित निर्देशित एवं अभिनीत एकल नाट्य प्रस्तुति है 'व्हय मि सावित्री बाई'। बालिका शिक्षा के क्षेत्र में क्रान्तिकारी कार्य करनेवाली कवि, शिक्षक और समाज सुधारक श्रीमती सावित्री बाई फुले के जीवन और कर्म को उजागर करनेवाली यह नाट्य प्रस्तुति काफी लोकप्रिय एवं बहुचर्चित रही है। देश में सदियों से शिक्षा से वंचित किए गए दलितों और महिलाओं को सावित्री बाई ने अपने अथक प्रयासों से शिक्षा पाने का अधिकार दिलवाया। उन्होंने एक शिक्षिका के रूप में बालिकाओं को पाठशाला में लाकर समतामूलक शिक्षा की शुरुआत की। इसके लिए उन्हें पितृसत्तात्मक व्यवस्था से संघर्ष करना पड़ा था। उस समय में महिला शिक्षा के विरोधियों ने सावित्री पर पत्थर और कीचड़ तक फेंका था। सावित्री बाई के संघर्ष और योगदान को आम व्यक्तियों से परिचित कराना ही इस एकल नाट्य प्रस्तुति का उद्देश्य है। सावित्री बाई के विचारों को प्रस्तुत करनेवाले इस नाटक की अन्तर्वस्तु को आत्मकथत्मक एकालाप शैली में प्रस्तुत किया गया है। छोटी उम्र से लेकर मृत्यु तक के सावित्री बाई के जीवन के विभिन्न प्रसंगों को स्त्रीपक्षीय दृष्टि के साथ मार्मिक ढंग से प्रस्तुत करनेवाला यह नाटक एकल रंगमंच के माध्यम से महिला सशक्तीकरण के विचारों को जनता तक पहुँचाने में सक्षम रहा है।

पंजाब की मशहूर रंगकर्मी पद्मश्री नीलम मानसिंह चौधरी द्वारा निर्देशित नाट्य-प्रस्तुति है 'द लाइसेंस'। इस नाटक की अन्तर्वस्तु अपने पति की मृत्यु के बाद आजीविका चलाने के लिए पति की नौकरी को मजबूरन स्वीकारनेवाली नियति नामक एक विधवा की करुण कथा है। यह नाटक मंटो की कथा 'लाइसेंस' पर आधारित है। साथ में बर्तोलड ब्रेख्त की कथा 'द जॉब' के कुछ नुक्तों को भी आधाररूप में लिया गया है। इस नाटक में हम देखते हैं कि पति का आकस्मिक निधन नियति के परिवार को भुखमरी के कगार पर ला खड़ा करता है। नियति के लिए एक ही रास्ता बचता है कि वह किसी भी तरह नौकरी करके अपने परिवार को बचाए। नाटक की नायिका नियति इस असामान्य

परिस्थिति में असामान्य तरीके को अपनाती है। वह अपने पति की तरह रोज़ रोटी के लिए तांगा चलाना शुरू करती है। पति का ही दोस्त उसकी लाचारी का फ़ायदा उठाता है। इसके बाद नियति पूरी तरह से टूट जाती है और अन्त में एक बार फिर तांगा चलाना शुरू करती है, लेकिन यहाँ भी उसे फिर से वहीं सब झेलना पड़ता है। ट्रैफिक पुलिसवाला उससे लाइसेंस माँगता है। लाइसेंस के न होने पर उसकी मजबूरी का ट्रैफिक पुलिस अधिकारी फ़ायदा उठाता है। अन्त में दिखाया गया है कि वह दुराचार-शिकार महिला थक कर खामोश हो जाती है और खुद को दर कर एक बक्से में बन्द कर लेती है। मंटो और ब्रेख्त इन दोनों लेखकों की कथाओं से प्रभावित अपनी नाट्य-प्रस्तुति की विषय-वस्तु के सम्बन्ध में निर्देशक नीलम मानसिंह जी व्यक्त करती हैं कि—वास्तव में इन दोनों कथाओं की नायिकाएँ अपनी बदली हुई पहचान के साथ बराबरी की माँग ज़ोरदार तरीके से रखती हुई ज़िन्दगी को एक नई दिशा देनी नज़र आती हैं। यहीं इन दोनों कथाओं का मूल है। जिस तरह हज़ारों वर्षों से आदमी बना हुआ है, वहीं इन दोनों कथाओं की नायिकाएँ अपने काम के द्वारा औरत से आदमी बन जाती हैं। दोनों कथाएँ स्त्रीवादी कथा के रूप में ली जा सकती हैं। इन दोनों कथाओं के अन्तस् में स्त्री एवं पुरुष दोनों के गुण आपस में मिले-जुले हैं। गरीबी से जूझती रूढ़ीवादी समाज में जहाँ से औरतें जिन्दगी की लड़ाई अपने बूते पर लड़ती हैं, वहीं उनका दु:खदाई अन्त होता है। सामाजिक बन्धन उनकी हिम्मत, उनके इरादों को तोड़ तहस-नहस कर देते हैं। नौकरी करके अपनी आजीविका को चलाने के लिए तैयार होनेवाली एक स्त्री को पुरुष-वर्चस्व का शोषण किस तरह झेलना पड़ता है इसको मार्मिक ढ़ंग से अभिव्यक्त करनेवाली यह नाट्य-प्रस्तुति अपने में अनूठी है।

केरल की मशहूर रंगकर्मी सजिता मठत्तिल द्वारा रचित, निर्देशित एवं अभिनीत एकल नाटक है 'मत्स्यगन्धी'। इस नाटक की अन्तर्वस्तु केरल के तटीय क्षेत्रों में रहनेवाले मछुआरे समुदाय के दयनीय जीवन की यथार्थ स्थिति को चित्रित करनेवाली है। नाटक मुख्य रूप से मछुआरे समुदाय की महिलाओं की दुरावस्था तथा अपने अस्तित्व के संघर्ष के दौरान उनके द्वारा सामना किए जानेवाले विभिन्न प्रश्नों पर केन्द्रित है। वैश्वीकरण तथा औद्योगिकीकरण के बढ़ाव ने मछुआरे समुदाय के लोगों के विशेषकर महिलाओं के जीवन पर प्रतिकूल प्रभाव डाला। उनका जीवन व पेशा ट्रॉलर और विदेशी जहाजों के हाथों कुचल दिए जाते हैं। इस नाटक की कथावाचिका मछुआरे समुदाय की एक स्त्री है, जो परम्परया मछली बिक्री का काम करती है। अपने पति की

मृत्यु के पश्चात् वह बहुत सारी कठिनाइयाँ झेलती हैं। यौन शोषण के भयावह अनुभवों से निरन्तर गुजरनेवाली उस स्त्री की स्थिति अत्यन्त दुस्सह हो जाती है। श्रम करनेवाले एक विशेष स्त्री समूह के जीवन तथा उनकी पेशेवर समस्याओं और उससे घुटनेवाले उनके सामाजिक सम्मान, मानवाधिकार का हनन आदि ज्वलन्त मुद्दों को यह नाटक सटीक ढ़ंग से पेश करता है। साथ ही निम्न वर्ग की महिलाओं के ऊपर सार्वजनिक स्थलों में हो रहे शारीरिक अत्याचार एवं अन्यायों को जनता के सम्मुख पेश करनेवाला यह नाटक मात्र शरीर के रूप में स्त्री को देखने की वस्तुवादी दृष्टि पर घोर प्रहार भी करता है।

अनुराधा कपूर द्वारा निर्देशित एकल नाटक है 'जीवित या मृत' जिसमें भारतीय विधवा जीवन का मार्मिक चित्र प्रस्तुत किया गया है। रवीन्द्रनाथ ठाकुर की रचना को स्त्रीपक्षीय दृष्टि से दृश्यॉंकित करनेवाली यह नाट्य-प्रस्तुति उन विधवाओं की कहानी है जो अपने अस्तित्व को लेकर भ्रम में रहती हैं। ऐसी स्त्रियों को पता ही नहीं होता कि वे जीवित हैं या मृत। भारत में विधवाएँ अपने पारिवारिक व सामाजिक जीवन में बिलकुल उपेक्षित एवं दमित हैं तथा मानवाधिकारों से वंचित भी है। सामन्ती व्यवस्था के पुरुष-केन्द्रित विचारों ने ही विधवाओं के जीवन को इतना कठिन बनाया है। सामन्ती व्यवस्था के ह्रास के बाद भी भारते में सामन्ती मानसिकता और संस्कृति मौजूद रही है। इस कारण से ही आज भी विधवा स्त्रियों को असम्मान, वेदना और तिरस्कार को किसी-न-किसी रूप में झेलना पड़ता है। इस एकल प्रस्तुति को मंच पर अभिनीत करनेवाली मशहूर कलाकार सीमा बिश्वास ने 'जीवित या मृत' की विषयवस्तु की प्रासंगिकता को सूचित करते हुए कहा है कि—"किसी भी हिन्दू त्योहार जैसे कि दुर्गा पूजा या सरस्वती पूजा के समय हम देवी की मूर्ति बनाते हैं, उसे सजाते हैं और उसकी पूजा धूम-धाम से करते हैं, लेकिन त्योहार ख़त्म होने ही हम उन्हीं मूर्तियों को सड़क के किनारे पड़ी हुई या पानी में डूबी हुई पाते हैं जैसे कि वह कोई कचरा हो। भारत में विधवाओं की स्थिति भी इसी के जैसी है। इसी स्थिति को हम अपने नाटक के ज़रिए जीवन्त करना चाहते थे।"

त्रिपुरारी शर्मा द्वारा निर्देशित 'बहू' भी सामन्ती संस्कृति के रूढ़िवादी मूल्यों से जर्जर पारम्परिक परिवारों में विधवा जीवन की त्रासदी का मर्मस्पर्शी दस्तावेज है। इस नाटक की अन्तर्वस्तु एक पारम्परिक निम्न वर्ग की महिला की कहानी को चित्रित करता है जो अपने पति की मृत्यु के बाद विभिन्न कठिनाइयों का सामना करती है। जब नाटक शुरू होता है तो बहू के पास एक परिवार की बहू होने के अलावा कोई और पहचान नहीं थी लेकिन जब उसका परिवार

उसे घर से निकाल देता है तो वह विद्रोह करने लगती है। बहू के चरित्र की इस विद्रोही चेतना ही पूरे नाटक की सर्वाधिक प्रेरक पहलू है। महिला उत्पीड़न पर केन्द्रित यह नाटक मुक्ति और पहचान के प्रति एक साधारण स्त्री के निजी विद्रोह का मार्मिक आयाम प्रस्तुत करता है। यहाँ नाटक के माध्यम से निर्देशक उस महिला समूह को आवाज़ देने का प्रयास करती हैं जो अपने सम्पूर्ण जीवन में वर्गगत व लिंगगत दमन को झेलती आ रही है।

निम्न वर्ग की एक साधारण मजदूर महिला के जीवन के विविध आयामों को स्त्रीपक्षीय दृष्टि से दर्शानेवाली एकल नाट्य प्रस्तुति है नादिरा ज़हीर बब्बर द्वारा रचित एवं निर्देशित 'सकुबाई'। इस नाटक में केन्द्र पात्र सकुबाई की जीवन कथा के माध्यम से बाल मज़दूरी, यौन शोषण, घरेलू हिंसा इत्यादि अन्यान्य सामाजिक समस्याओं पर प्रकाश डाला गया है। सकुबाई एक मेहनती महिला हैं और अपनी गरीबी और कठिन परिस्थितियों पर दूसरों की तरह रोने और शिकायत करने के बजाए, वह कड़ी मेहनत के माध्यम से स्थिति को बदलने का विकल्प चुनती हैं। अपने जीवन में बहुत अधिक संघर्षों को झेलने के बाद भी सकुबाई कभी असफल नहीं होती है। वह अपनी समस्याओं के साथ-साथ दूसरों की भी समस्याओं का हल भी ढूंढ़ लेती है तथा अन्य लोगों के लिए एक आदर्श बन जाती है। मध्यवर्गीय महिलाओं के जीवन संघर्ष, मानसिक व्यापार, तनाव, अन्तर्द्वन्द्व आदि को चित्रित करनेवाली नाट्य प्रस्तुति है रमणजीत कौर द्वारा निर्देशित 'बावरे मन के सपने'। इस नाटक में मध्यवर्गीय महिलाओं के बाहर से शान्त दिखनेवाले जीवन में चल रहे उथल-पुथल को वाणी देने की कोशिश की गई है। निर्देशक रमणजीत कौर के शब्दों में—निजी तौर पर मुझे महसूस होता है कि मध्यम एवं उच्च मध्यम वर्गीय महिलाएँ सबसे ज़्यादा उपेक्षित है, इस मायने में कि उनकी कोई आवाज़ नहीं है। कितनी दफा हम स्वयं से सम्बन्धित मुद्दों पर बात करते हैं ? हम सिर्फ एक मौन के साथ मुस्कुरा भर देते हैं। मौन, झूठे मान-मर्यादा, दर (दर-नकारे जाने का, सामाजिक बहिष्कार का, नुक्ता चीनी का), रंगमंच वो माध्यम है, जहाँ हम अपनी बात कह पाते हैं। इस नाटक का केन्द्रीय पात्र अम्मा है जो अपनी बेटी से मिलने के लिए लंडन जाने की तैयारी कर रही हैं। अपने घर में वह कई स्त्रियों को आमन्त्रित करती है और वे एक दूसरे से बातचीत करती है तथा अपने जीवन के कटु यथार्थ को एक दूसरे से साझा करती है। मध्यवर्गीय स्त्रियों में अपनी इच्छाओं के साथ जीने का आग्रह सशक्त रूप में विद्यमान है। किन्तु वे अपने-अपने छोटे-छोटे सपनों को अक्सर दबाती आती हैं। पारिवारिक संरचना में

निहित पितृसत्ता के स्वरूप को चित्रित करनेवाले इस नाटक में यह बात भी स्पष्ट रूप से अभिव्यक्त किया गया है कि मध्यवर्गीय स्त्री अपने घर की चार-दीवारी के भीतर कितना अस्वतन्त्र पीड़ित और कुंठित है।

मशहूर रंगकर्मी अमाल अल्लाना द्वारा निर्देशित नाट्य प्रस्तुति है 'नटी विनोदिनी'। इस नाटक की अन्तर्वस्तु बंगाल की प्रसिद्ध अभिनेत्री बिनोदिनी दासी की आत्मकथा पर आधारित है। यह नाट्य-प्रस्तुति एक महिला के सार्वजनिक जीवन में उतरने और स्वतन्त्रता और पहचान को प्राप्त करने के साहसिक प्रयास को मार्मिक ढ़ंग से चित्रित करने का सृजनात्मक उद्यम है। बिनोदिनी दासी कोलकत्ता के रंगमंच पर अभिनय करनेवाली पहली महिला थी, जिन्होंने सफलता की ऊंचाइयाँ चढ़ीं। उनके जीवन के अनुभव कैसे उनके अभिनय में सहायक बनें, समाज के उच्च वर्गों द्वारा कैसा उनका शोषण हुआ, यह नाट्य प्रस्तुति इसी की कहानी कहती है। यहाँ नटी बिनोदिनी की अलग-अलग अवस्थाओं को, उनके अन्तर्द्वन्द्व को उभारने की कोशिश की गई है। बिनोदिनी दासी के संघर्षपूर्ण जीवन के विविध पक्षों को उद्‌घाटित करनेवाला यह नाटक इस बात को अभिव्यक्त करता है कि कला के क्षेत्र में अपने निजी स्वत्त्व को स्थापित करने के लिए स्त्रियों को कई संघर्षों से गुज़रना पड़ता है। आरम्भिक बंगला रंगमंच को लोकप्रिय, कलात्मक और गम्भीर अभिव्यक्ति-माध्यम बनाने में बिनोदिनी ने अपनी निर्णायक भूमिका अदा की थी। इस प्रस्तुति में बिनोदिनी के जीवन के अन्तर्द्वन्द्व, प्रेम, लोभ और त्याग, प्रतिष्ठा और अपमान, प्रसिद्धि औरअकेलेपन तथा त्रासदी के चित्र मौजूद है।

प्रमुख रंगकर्मी त्रिपुरारी शर्मा द्वारा रचित एवं निर्देशित मशहूर नाटक है 'रूप-अरूप'। यह नाटक उस पुरुष कलाकार जो नौटंकी में स्त्री-पात्र की भूमिका निभाता है, तथा पारम्परिक रूप से नृत्त को अपनाई हुई एक बेडिं जाति की स्त्री, जो रंगमंच में अभिनेत्री के रूप में प्रवेश करती है, के बीच के संवाद और संघर्ष पर केन्द्रित है। सालों पहले नौटंकी के मंच पर पुरुष का ही एकाधिकार रहा था। स्त्री पात्रों की भूमिका भी पुरुष कलाकार ही निभाया करते थे। स्त्री रूप की मंच पर संकल्पना पुरुष मानसिकता के अनुसार होती थी। जब स्त्रियाँ अभिनेत्री के रूप में रंगमंच के क्षेत्र में प्रवेश करने लगीं तब स्त्री पात्रों की भूमिका निभानेवाले पुरुष कलाकार मंच से तिरस्कृत होने लगे। लेकिन पुरुषों के द्वारा बनाए गए स्त्री की रूढ़ प्रारूपित छवि, जो यथार्थ स्त्री की चेतना और संवेदनाओं से बिलकुल दूर है, वह मंच पर कायम रही। यहाँ एक ओर इस कल्पित स्त्री छवि को, उसके चाल-चलन को, वाचिक शैली को

मंच पर कायम रखने के लिए असली स्त्री कलाकार भी मजबूर हो जाती हैं तो दूसरी ओर स्त्रियों की भूमिका निभानेवाले पुरुष कलाकारों को अपना अस्तित्व नष्ट हो जाता है। इस कारण से दोनों कलाकारों के अन्तर्मन संघर्षरत हो जाता है। नाटक में स्त्रियों की भूमिका निभानेवाला पात्र चन्द्ररूप (जो रूपमती नाम से जाना जाता है) तथा रम्भा नामक असली स्त्री अभिनेत्री के बीच के संघर्षों तथा संवादों को बड़ी गहनता एवं तन्मयता के साथ प्रस्तुत किया गया है। अनुराधा कपूर निर्देशित 'सुन्दरी: एन एक्टर प्रिपेयर्स' भी समान मुद्दे को प्रस्तुत करनेवाला एक नाटक है। यह नाटक मराठी रंगमंच के अग्रणी कलाकार श्री जयशंकर सुन्दरी की आत्मकथा पर आधारित है। बीसवीं सदी के शुरुआत के मराठी नाट्य प्रस्तुतियों में महिलाओं की भूमिका निभानेवाले मशहूर कलाकार थे जयशंकर सुन्दरी। यह नाटक समकालीन लिंग विमर्श और अभिनय की राजनीति के सन्दर्भ में पुरुष से महिला तक की उनकी यात्रा की प्रक्रिया का जीवन्त दस्तावेज प्रस्तुत करता है।

उषा गांगुली द्वारा निर्देशित एवं अभिनीत एकल नाटक है अन्तर्यात्रा, जिसमें उनके निजी जीवन और रंग जीवन में आई अन्यान्य महिलाओं के जीवन की त्रासदी और संघर्षों को स्त्रीवादी परिप्रेक्ष्य के साथ व्याख्यायित करने का प्रयास किया गया है। उन्होंने कई स्त्रियों के अन्तर्मन की वेदनाओं को एक साथ जोड़कर स्त्री संघर्ष की महागाथा के रूप में इस नाटक को प्रस्तुत किया है। श्री कृपाशंकर चौबे के शब्दों में "उषा गांगुली निर्देशित 'अन्तर्यात्रा' सिर्फ नाटक नहीं, बाहर भीतर के जंग से निरन्तर जूझती स्त्री की संघर्ष गाथा है। नाटक स्त्री की बाहरी ही नहीं, नितान्त आन्तरिक परतों और उसी के साथ, स्त्री ग्रन्थि की गांठों को खोलता है। स्वकीय पहचान-मानवीय गरिमा के सन्धान में स्त्री को मार प्रतिकूलताएँ और कठोर प्रतिक्रियाएँ झेलनी पड़ती हैं-भयावह यथार्थ का उसे सामना करना पड़ता है। और इस भयावह यथार्थ को अन्तर्यात्रा नाटक में उषा गांगुली अपने एकल अभिनय की ताकत से मार्मिक अभिव्यक्ति देती है।"[11]

तमिल की प्रमुख रंगकर्मी वी पद्मा मंगई द्वारा निर्देशित नाट्य प्रस्तुति 'पच्चा मण्णु' काफी लोकप्रिय व बहुचर्चित रही है। इस नाट्य प्रस्तुति की अन्तर्वस्तु कन्या शिशु/भ्रूण हत्या पर केन्द्रित है। कन्या शिशु/भ्रूण हत्या जैसी घोर सामाजिक विपत्ति के प्रति जनता को जागरूक करने के विशेष उद्देश्य से रूपायित यह नाटक तमिलनाडु के ऐसे इलाकों में खेला गया जहाँ धार्मिक संस्कार के रूप में कन्या शिशु हत्या होती है। इस नाटक का स्वरूप जन्म से

लेकर जन्म देने तक के महिलाओं के जीवन चक्र, विभिन्न सांस्कृतिक रूढ़ियों एवं मूल्यों को स्त्रीपक्षीय दृष्टि से व्याख्यायित करनेवाला है। केरल की रंगकर्मी के वी श्रीजा द्वारा निर्देशित 'लेबर रूम' एक ऐसा नाटक है जो पूरी तरह से स्त्रीत्वपरक अनुभवों से सम्बन्धित है। यह नाटक इस बात को मर्मस्पर्शी ढंग से अभिव्यक्त करता है कि महिलाओं के लिए प्रसव का अनुभव किस तरह होता है। लेबर रूम के अन्दर चलनेवाली समस्याओं पर चर्चा करनेवाला यह नाटक उस सामाजिक आयाम को भी प्रस्तुत करता है जिस तरह से विभिन्न संस्कृतियों की दो महिलाएँ गर्भावस्था, प्रसव और बच्चे को देखती हैं।

मशहूर रंगकर्मी सी वी सुधी द्वारा निर्देशित मलयालम नाटक है 'आनुङल इल्लात्ता पेन्नुङल'। यह प्रमुख ईरानी लेखिका शेहरनुश परसीपुर का विख्यात उपन्यास 'विमन विथौट मेन' का नाट्यरूपान्तर है। पितृसत्तात्मक उत्पीड़न के विभिन्न आयामों को प्रस्तुत करनेवाला यह नाटक विभिन्न परिस्थितियों में जीनेवाली पाँच स्त्रियों के अनुभवों के आख्यानों से गुजरता है। इन पाँच महिला पात्रों में मध्यवर्गीय परिवार की एक गृहिणी फारोख, जो रजोनिवृत्ति के करीब है, एक स्वाभिमानी युवती मॉकडोत, जो अपने वर्जिनिटी को बनाए रखने के लिए खुद को एक पेड़ घोषित करती है, एक सेक्स वर्कर ज़रीन, जो अपने ग्राहकों को बिना सिरवाले राक्षसों के रूप में देखती है, मुनीस और फ़ैज़ा जो पारम्परिक परिवार की दो कन्याएँ हैं जिन्हें बलात्कार झेलना पड़ता है। पितृसत्तात्मक रूढ़ियों से ग्रस्त दमनकारी समाज में जीवन बिताने के लिए अभिशप्त ये महिलाएँ अपनी प्रतिबन्धात्मक परिस्थितियों को पार करने का प्रयास करती हैं। इन पाँचों महिलाओं का आपस में मुलाकाल होती है। वे एक दूसरे से अपना अनुभव साझा करती हैं और बाकी जीवन एक साथ पुरुषों के सहारे के बिना बिताने का फैसला लेती हैं। इस नाटक में महिलाओं की सेक्शुअलिटी, वर्जिनिटी इत्यादि मुद्दों को प्रोब्लमटाइस किया गया है।

रूप संरचना का स्त्रीपक्ष

किसी भी रंगमंचीय प्रस्तुति का सबसे अनिवार्य तत्त्व है उसकी रूप संरचना। रूप एक ऐसा तत्त्व है जिसके मूल में कलात्मकता और सौन्दर्यशास्त्रीय चेतना निहित है। तथाकथित रंगमंच के सिद्धान्त, शिल्प एवं सौन्दर्य तत्त्वों की निर्मिति पुरुष-प्रधान दृष्टि से होने के कारण सदियों से उसकी रूप संरचना में स्त्री

की सृजनात्मक शक्ति तथा उसके संवेदनाओं की नैसर्गिक अभिव्यक्ति का सदा अभाव ही रहा है। ऐसी एक अवस्था में समकालीन महिला रंगकर्मियों ने तथाकथित रंगमंच की रूप-संरचना में निहित पुरुष-केन्द्रिता को तोड़कर स्त्री की सृजनात्मक शक्ति को विभिन्न आयामों के साथ प्रस्तुत करने का बोधपूर्वक प्रयास किया है। लिंगस्थितीय विभेदन व पुरुष-केन्द्रित विचार तत्त्वों द्वारा रंगमंच पर निर्मित स्त्री-बिम्बों के स्थान पर स्त्री-स्वत्त्व की गहराई को समाविष्ट करनेवाले नूतन बिम्बों की अन्विति स्त्रीपक्षीय रंगकर्म की अपनी विशेषता है। रंगमंचीय प्रस्तुति के रूप-विधान के अन्तर्गत प्रदर्शन-स्थल, प्रदर्शनकारी देह, मंच-व्यवस्था, रंग सामग्री, वेश-भूषा, प्रकाश योजना, ध्वनि विन्यास आदि विभिन्न तत्त्व आते हैं। समकालीन महिला रंगकर्मियों की नाट्य प्रस्तुतियों के सन्दर्भ में देखा जाए तो इन तत्त्वों के स्तर पर कई नवीन प्रयोग करते हुए पूरे रंगमंच की रूप-संरचना को एक नवीन परिप्रेक्ष्य के साथ प्रयुक्त करने के प्रयास दिखाई देते हैं।

प्रदर्शन स्थल अथवा रंगस्थल किसी भी रंगमंचीय कार्य का केन्द्रस्थल होता है और अन्ततः उस कार्य के स्वरूप, स्तर और सार्थकता को निर्धारित करनेवाला होता है। वरिष्ठ रंग आलोचक श्री नेमीचन्द्र जैन के शब्दों में "प्रदर्शन के लिए किसी-न-किसी प्रकार का, खुला या बन्द स्थाई अथवा अस्थाई, छोटा या बड़ा, रंगभवन और उसमें एक मंच अथवा रंगस्थल सर्वथा आवश्यक है, जिसके बिना नाटक को जीवन्त रूप नहीं दिया जा सकता। और यह महत्वपूर्ण बात है कि संसार में कहीं भी नाटक और रंगमंच की चर्चा रंगशाला या रंगस्थल की चर्चा के बिना अधूरी ही रहती है, चाहे वह भरत का नाट्यशास्त्र हो अथवा प्राचीन यूनानी नाटक का विवेचन। वास्तव में नाटक और अभिनय-प्रदर्शन का स्वरूप बहुत हद तक रंगशाला के स्वरूप से निर्धारित होता है। सभी तरह के नाटक सभी तरह की रंगशालाओं और उसके मंचों पर नहीं प्रस्तुत किए जा सकते और नाटक लेखन से लगाकर अभिनय और मंचीकरण की बेशुमार रूढ़ियाँ, पद्धतियाँ, कार्यविधियाँ रंगशाला और मंच के अनुसार बंटी है और उनमें परिवर्तनों के साथ बदलती जाती है।"[12] समकालीन रंगमंच के सन्दर्भ में देखा जाए तो ग.हिला रंगकर्मियों ने अपनी सृजनात्मकता, सौन्दर्यबोध एवं सांस्कृतिक परिस्थितियों के अनुसार विभिन्न प्रकार के प्रदर्शन-स्थलों को रंगमंचीय प्रस्तुति के लिए प्रयुक्त किए हुए दिखाई देते है।

प्रदर्शन-स्थल की दृश्यमान संरचना को केन्द्र में रखकर विचार करने से यह बात स्पष्ट हो जाती है कि कुछ महिला रंगकर्मियों ने अपनी रंगमंचीय

प्रस्तुतियों के लिए ऐसे प्रदर्शन-स्थलों को स्वीकार किया है, जो प्रदर्शन-स्थलों के तथाकथिक स्वभाव से किसी-न-किसी प्रकार भिन्न है तथा दर्शकीय आदतों को प्रश्नीकृत करनेवाले हैं। यहाँ प्रदर्शन स्थल की प्रयुक्ति की दो विशेष प्रवृत्तियाँ देखी जा सकती हैं—पहली, प्रचलित सर्वमान्य प्रदर्शन स्थल की अलग ढ़ंग से प्रयुक्ति है तो दूसरी, एक विशिष्ट प्रदर्शन-स्थलवाली संकल्पना को ही प्रश्नीकृत करनेवाले प्रयोग हैं। स्त्रीपक्षीय रंगकार्यों से जुड़नेवाली अधिकांश रंगकर्मियों ने प्रदर्शन स्थल के लिए प्रोसीनियम स्टेज को अपनाया है, जो आधुनिक काल से लेकर भारतीय रंगकर्म के क्षेत्र में सर्वव्याप्त है। प्रदर्शन-स्थल का यह वर्षों से प्रचलित स्वरूप दर्शकों की दृष्टि-आदतों में गहरे रूप में छपा हुआ है। सालों से पुरुषसत्ता द्वारा संचालित एवं नियन्त्रित रंगमंचीय प्रस्तुतियों के लिए प्रयुक्त इस विशेष प्रदर्शन-स्थल की संरचना के भीतर स्त्री का प्रतिनिधित्व पुरुष के अनुबन्ध मात्र के रूप में हीं प्रतिष्ठित होता दिखाई देता है। इसमें महिला पात्रों की गतियाँ एवं दैहिक विन्यास बिल्कुल नियन्त्रित एवं परिसीमित भी हैं। महिला रंगकर्मियों ने प्रोसीनियम के इस परिसीमित एवं नियन्त्रित स्थिति को बदलने की कोशिश की है। उदाहरण के लिए उषा गांगुली द्वारा निर्देशित 'हम मुख्तारा', 'रुदाली', रमनजीत कौर द्वारा निर्देशित 'बावरे मन के सपने', सी वी सुधी द्वारा निर्देशित 'आनुन्गल इल्लात्ता पेंनुन्गल', वी पद्मा मंगई द्वारा निर्देशित 'पच्चा मण्णु', रसिका अगाशे द्वारा निर्देशित 'म्यूज़ियम ऑफ़ स्पीशिस इन डेंजर' आदि नाट्य-प्रस्तुतियों को ले सकते हैं। इन नाट्य प्रस्तुतियों में महिला पात्रों की संख्या अधिक है तथा ये महिला पात्र बिना किसी लिंगपरक नियन्त्रण से पूरे स्टेज का इस्तेमाल स्वतन्त्र रूप से करती हुई अभिनीत दिखाई देती है। सी वी सुधी द्वारा निर्देशित 'प्रवचका' नाट्य प्रस्तुति में इस तथाकथित प्रोसीनियम स्टेज को एक अलग ढ़ंग से प्रयुक्त करते हुए पूरे मंच की दृश्यमान संरचना को नवीन परिप्रेक्ष्य में प्रस्तुत किया गया है। इस प्रस्तुति में मंच की एक तरफ ज़मीन से ऊपर एक फलक लटकाया गया है जो और एक छोटा मंच जैसा दिखाई देता है। लटकाया गया छोटा मंच सत्ता को सूचित करनेवाला रूपक प्रतीत होता है। नाटक के पुरुष पात्र, जो सत्ता के प्रतीक है लटकाए गए छोटे मंच के ऊपर खड़े होकर अभिनय करते हैं तथा स्त्री पात्र, जो दमितों का प्रतिनिधित्व करती हैं ज़मीन या असली मंच पर खड़ी होकर अपनी भूमिका अदा करती हैं। यहाँ एक ओर प्रोसीनियम स्टेज का तथाकथित स्वरूप नवीन आयाम के साथ पुनर्रूपायित हो जाता है तो दूसरी ओर दर्शकीय अनुभूति का पारम्परिक परिप्रेक्ष्य परिवर्तित भी हो जाता है। हम मुख्तारा (उषा गांगुली), और

कितने टुकड़े (कीर्ति जैन), उमराव (अनुराधा कपूर), प्रवचका (सी वी सुधी), म्यूज़ियम ऑफ़ स्पीशिस इन डेंजर (रसिका अगाशे), अग्निपथ (बी जयश्री), घोरराक्षसम (सुरभि), नटी बिनोदिनी (अमाल अल्लाना), रूप अरूप (त्रिपुरारी शर्मा), लेबर रूम (के वी श्रीजा) आदि नाटक सशक्त स्त्रीपक्षीय राजनीति को उठानेवाली अन्तर्वस्तुओं से सम्पन्न हैं। इन नाटकों की प्रस्तुति भी तथाकथित प्रदर्शन स्थलों में ही हुई हैं। किन्तु ये नाट्य प्रस्तुतियाँ समग्र रूप से रंगमंच की प्रचलित संरचना में निहित स्त्री-विरोधी तत्त्वों को प्रश्नीकृत करनेवाली हैं। यहाँ सत्ता के फलक पर खड़े होकर, उसी सत्ता के विरुद्ध संघर्ष करनेवाली ये प्रस्तुतियाँ प्रतिरोध की एक अलग शैली या प्रक्रिया को सामने रखती हैं।

अनुराधा कपूर द्वारा निर्देशित 'विरासत' प्रदर्शन स्थल के तथाकथित द्विआयामी स्वरूप को ही तोड़नेवाला एक रंगमंचीय प्रयोग है। यह सामन्ती संयुक्त परिवार के भीतर के जीवन के विविध पक्षों एवं परिवार के पतन को अभिव्यक्त करनेवाली नाट्य प्रस्तुति है, जिसका रूप विधान अतियथार्थवादी शैली में हुआ है। इस प्रस्तुति के लिए एक ऐसे प्रदर्शन स्थल को चुना गया है, जिसकी चारों तरफ दर्शक बैठ सकते हैं। प्रत्येक स्थल पर बैठकर प्रदर्शन देखने से दर्शकीय दृष्टि व अनुभूति भी बदलती है तथा पूरे प्रदर्शन का परिप्रेक्ष्य भी बदलता है। इस नाट्य प्रस्तुति का सेट एक पारम्परिक घर के समान बनाया गया है। एक तरफ बैठने पर कथा रसोई घर के परिप्रेक्ष्य से देख सकते हैं तो दूसरी तरफ से देखने पर बरामदे के परिप्रेक्ष्य में। दर्शक अपनी इच्छानुसार कहीं भी बैठकर प्रदर्शन देख सकते हैं। मध्यान्तर के समय में दर्शकों से स्थान बदलकर बैठने का निर्देश भी दिया जाता है। इसके सम्बन्ध में खुद अनुराधा जी ने व्यक्त किया है—मैं चाहता था कि अभिनेता यथासम्भव दर्शकों के करीब हों। बैठने की व्यवस्था इस तरह से की गई थी कि आप या तो किचन में हों, पूजा कक्ष के पास या झूले के पास।

एक विशिष्ट प्रदर्शन स्थलवाली संकल्पना को ही तोड़नेवाली एकल नाट्य प्रस्तुति है माया कृष्ण राऊ द्वारा निर्देशित व अभिनीत 'द वॉक'। इसकी यही विशेषता है कि इस नाटक के लिए कोई विशेष प्रदर्शन स्थल की व्यवस्था नहीं की गई है। मंच पर या लोगों के बीच किसी भी जगह इस नाटक का प्रस्तुतीकरण किया जा सकता है। इसका मंचन समाज में स्त्रियों के खिलाफ हो रहे बलात्कार एवं अन्याय के प्रतिरोध के रूप में हुआ है। स्त्रियों के प्रति होनेवाले अत्याचार हर जगह समान है। किसी भी स्पेस में स्त्री सुरक्षित नहीं है। इस विचार को तीव्रता के साथ अभिव्यक्त करनेवाली इस नाट्य प्रस्तुति में

प्रदर्शन स्थल का यह अव्यवस्थित स्वभाव खुद एक रूपक के समान व्यवहृत होता दिखाई देता है। सुषमा देशपांडे द्वारा निर्देशित एवं अभिनीत एकल नाटक है 'व्हय मि सावित्री बाई'। इस नाट्य प्रस्तुति का रूपविधान बहुत ही लचीला है यानि इसके प्रदर्शन के लिए कोई विशिष्ट निर्धारित मंच व्यवस्था की ज़रूरत नहीं है। इसका रूपायन इसी ढंग से हुआ है कि यह किसी भी प्रदर्शन स्थल के लिए उपयुक्त हो। केरल की रंगकर्मी श्रीलता कडाविल द्वारा निर्देशित एवं अभिनीत एकल नाट्य प्रदर्शन है 'इको ऑफ द डे'। इकोफेमिनिसम के विचारों से ओतप्रोत इस नाट्य प्रदर्शन में स्त्री और प्रकृति के बीच के गहरे सम्बन्ध को अभिव्यक्त करने के लिए श्रीलताजी ने असली पेड़, पौधे, मिट्टी, ट्री हट, सीढ़ी आदि से भरे एक स्थल को प्रदर्शन के लिए अपनाया है। यहाँ स्त्री के दैहिक अस्तित्व एवं पर्यावरण के बीच के जैविक सम्बन्ध को तथा प्रकृति के साथ स्त्री की एकात्मकता को अभिव्यक्त करने में यह प्रदर्शन स्थल बिल्कुल संगत दिखाई देते है।

प्रदर्शन स्थल के सांस्कृतिक सन्दर्भ को केन्द्र में रखकर विचार करने से यह बात स्पष्ट होती है कि कुछ महिला रंगकर्मियों ने अपने कुछ विशेष नाटकों के प्रदर्शन के लिए ऐसी सांस्कृतिक पृष्ठभूमिवाले प्रदर्शन-स्थलों को चुना है जो नाटक की विषय-वस्तु को अभिव्यक्त करने के लिए बिल्कुल उपयुक्त है। उदाहरण के लिए सजिता मठत्तिल द्वारा निर्देशित 'मत्स्यगन्धी' एवं वी पद्मा मंगई द्वारा निर्देशित 'पच्चा मण्णु'। मत्स्यगन्धी' नाटक में केरल के मछुआरे समूह की स्त्रियों की समस्याओं को अभिव्यक्त किया गया है। अत: निर्देशक ने इस प्रदर्शन को समुद्र तट पर असली मछुआरे समूह के रहनेवाले प्रदेश में भी जाकर प्रस्तुत किया था। इसी प्रकार 'पच्चा मण्णु, जिसकी विषयवस्तु कन्या शिशु हत्या पर केन्द्रित है, नाटक तमिलनाडु के ऐसे इलाकों में खेला गया जहाँ धार्मिक संस्कार के रूप में कन्या शिशु हत्या होती रहती है। कीर्ति जैन द्वारा निर्देशित 'और कितने टुकड़े' इसी कोटि में आनेवाली प्रस्तुति है। विभाजन के हिंसात्मक स्वरूप को अभिव्यक्त करनेवाले इस नाटक को निर्देशिका ने लाहौर तथा पंजाब के कुछ ऐसे प्रदेशों में जाकर प्रस्तुत किया जहाँ के लोगों को अपने पूर्व पीढ़ि के जनता द्वारा झेले गए विभाजन की भयावह स्थिति की अनुभव कथाओं की जानकारी हैं।

प्रदर्शन स्थल के समान मंच-व्यवस्था या सेट एवं रंग-सामग्री या प्रोपर्टीस का भी नाट्य प्रस्तुति में अपना महत्वपूर्ण स्थान है। स्त्रीपक्षीय रंगकर्म से जुड़नेवाली रंगकर्मियों ने अपनी नाट्य प्रस्तुतियों में ऐसी मंच व्यवस्था व रंग

सामग्रियों को प्रयुक्त किया है जिनमें स्त्रियों की सृजनात्मक शक्ति एवं उनके निजी अनुभवों की प्रामाणिकता विद्यमान है। नीलम मानसिंह चौधरी के निर्देशन में प्रस्तुत नाटक 'किचन कथा' में एक विस्तृत रसोई घर के रूप में स्टेज का सेट बनाया गया है। पूरा नाटक उन महिलाओं की कहानी बताता है जिनके लिए रसोईघर एक अभयारण्य है। उनके लिए यह एक ऐसा स्थान है जहाँ वे स्वयं का बोझ हटा सकती है और ऊर्जा एकत्रित कर सकती है। साधारण भारतीय रसोई घरों में व्यवहृत वस्तुओं को ही यहाँ रंग-सामग्रियों के रूप में प्रयुक्त किया गया है। इस नाटक की यही विशेषता है कि इसमें भोजन, सब्जियाँ, बर्तन, चाकू, मटकी आदि साधारण स्त्रियों के दैनिक जीवन से जुड़नेवाली वस्तुएँ स्त्रियों के निजी विशेष भावनाओं एवं मनोविकारों को सूचित करनेवाले रूपक प्रतीत होते हैं। एक साधारण स्त्री अपना अधिकाँश समय रसोई घर और उसके आसपास ही बिताती है। रसोई घर से जुड़े अनुभव-संसार प्रत्येक स्त्रियों के अन्तर्गत उपस्थित होते हैं। उन्हीं अनुभवों को यहाँ नीलम मानसिंह ने रंगमंच पर प्रयुक्त किया है।

अनुराधा कपूर के निर्देशन में प्रस्तुत नाटक 'विरासत' में सेट और प्रोपर्टीस को अतियथार्थवादी रूप से प्रयुक्त किया गया है। मंच व्यवस्था एक पारम्परिक घर की संरचना में बनाया गया है, जिसके भीतर प्रेक्षागृह की योजना भी की गई है। यहाँ दर्शकों को भी घर की दिनचर्या का हिस्सा बनाया गया दिखाई देता है। चाहे बर्तन धोना हो या खाना बनाना, घर के काम नाटक में वैसे ही चलते रहते हैं जैसे वे वास्तविक जीवन में करते हैं बिना किसी के प्रवेश या निकास से प्रभावित हुए। घर में व्यवहृत नित्योपयोगी साधनों को यहाँ रंग सामग्रियों के रूप में उपयुक्त किया गया है। सजिता मठत्तिल द्वारा निर्देशित 'मत्स्यगन्धी' और के वी श्रीजा द्वारा निर्देशित 'कलमकारियुडे कथा' आदि नाट्य प्रस्तुतियों में भी कथा सन्दर्भ के अनुकूल यथार्थवादी ढंग से रंगसामग्रियों को चुना गया है। 'कलंकारियुडे कथा' की अन्तर्वस्तु मिट्टी के बर्तन बनाकर अपनी आजीविका चलानेवाली एक स्त्री की कहानी पर केन्द्रित है। अत: इसमें एक साधारण कुम्हार स्त्री का घर, बर्तन बनानेवाला चक्र, मिट्टी के बर्तन, आसपास के फूल, पौधे ये सब प्रयुक्त किए गए हैं, जो नाटकीय अभिव्यक्ति को काफी प्रभावशाली बनाती है। 'मत्स्यगन्धी' में मछुआरे स्त्रियों के जीवन और संघर्षों को दिखाया गया है। इसलिए रंग-सामग्रियों के रूप में मछुआरों के जीवन परिस्थितियों से सम्बन्धित साधनों को प्रयोग में लाया गया है, जिनमें समुद्र-तट की बालू, मछली पकड़ने का जाल, रसोई के बर्तन, चाकू आदि

प्रमुख हैं। मछली बिकनेवाली स्त्रियों के सिर पर जो मछली भरकर ले जाने का बड़ा बर्तन होता है, उस बर्तन को नाटक के विभिन्न सन्दर्भों में विभिन्न रूपों में प्रयुक्त किया गया है। उदाहरण के लिए बर्तन के भीतर बैठकर अभिनेत्री उसे नाव के रूप में प्रयुक्त करती है। इसके साथ-साथ बड़े नाव को दिखाने के लिए प्रतीकात्मक ढंग से कागज़ की नाव को प्रयुक्त किया गया है।

उषा गांगुली द्वारा निर्देशित 'हम मुख्तारा' नाटक में रंगसामग्रियों को प्रतीकात्मक ढंग से प्रयुक्त किया गया है। उदाहरण के लिए उस नाटक में रंग-बिरंगे फीतों से बनाई हुई चोटियाँ मंच के ऊपर हिलाई गई है। चोटियाँ ग्रामीण स्त्रियों की वेशभूषा एवं शृंगार का भाग है, अतः परम्परा का सूचक भी है। यह (चोटी) रंग-सामग्री जो स्त्री-पात्रों के साथ अटूट रूप से जुड़ी हुई है, वहीं चोटियाँ नाटक के और एक प्रसंग में स्त्रियों के गले को घोंट देती हुई दिखाई देती है। अर्थात जिस परम्परा ने स्त्रियों को पाला-पोसा वहीं परम्परा स्त्रियों का गला घोंट भी देती है। पूरी मंच व्यवस्था को प्रतीकात्मक ढंग से प्रयुक्त किया हुआ और एक नाटक है सी वी सुधी द्वारा निर्देशित 'आनुङल इल्लात्ता पेन्नुङल'। इस नाट्य-प्रस्तुति में मंच के मध्यस्थल में घुमावदार सीढ़ियाँ स्थापित की गई है। ये सीढ़ियाँ नाटक के अन्यान्य प्रसंगों में विभिन्न प्रतीकों व बिम्बों के रूप में उपस्थित होती हैं। नाटक के एक प्रसंग में स्त्री यौनिकता तथा उससे सम्बन्धित जो परम्परागत नैतिक धारणाएँ हैं, उसकी जटिलताओं को सूचित करने में सीढ़ियों का घुमावदार स्वभाव बिलकुल संगत दिखाई देता है। एक दूसरे प्रसंग में वहीं घुमावदार सीढ़ियाँ शोषित एवं उत्पीड़ित स्त्रियों के लिए एक मुक्त वैकल्पिक स्पेस बनता हुआ प्रतीत होता है। इस नाटक में मकडोत्त नामक स्त्री पात्र एक पेड़ के रूप में अपने आप को रूपान्तरित करनेवाला सररियलिस्टिक प्रसंग दिखाई देता है।। पेड़ उर्वरता तथा स्त्रैण ऊर्जा का सूचक है। यहाँ सीढ़ियाँ पेड़ के भौतिक शरीर के रूप में तथा प्रदर्शनकारी देह उसमें निहित विशेष स्त्रैण चेतना के रूप में प्रयुक्त होते है। यहाँ मंच व्यवस्था तथा अभिनेत्री की प्रदर्शनकारी देह के बीच का अटूट सम्बन्ध सम्प्रेषण को ज़्यादा मार्मिक बनाती हुई दिखाई देती है। नाटक के अन्य सन्दर्भों में ये सीढ़ियाँ स्त्रियों के निजी अनुभवों को सम्प्रेषित करनेवाले फलक के रूप में भी उपस्थित होती हैं। सी वी सुधी ने अपने 'पुनर्जनी' नाटक में भी मंच व्यवस्था और रंग सामग्रियों को प्रतीकात्मक ढंग से प्रयुक्त किया है। इस नाटक में प्रयुक्त सभी सामग्रियाँ बहुत बड़ी आकृति में बनाई गई है। ये रंग-सामग्रियाँ अभिनेताओं को छोटा बनाती हैं। प्रचलित सत्तात्मक-संरचना की दमनकारिता को सूचित करने के लिए ही ऐसी

बड़ी सामग्रियों को मंच पर लाया गया है। 'नटी बिनोदिनी' नाटक में निर्देशक अमाल अल्लाना ने रंग सामग्रियों का उपयोग आलंकारिक व प्रतीकात्मक ढंग से किया है। उदाहरण के लिए बूढ़ी बिनोदिनी नाटक के प्रत्येक दृश्य में अपने हाथ में एक सफेद कमल के फूल को लेकर मंच पर उपस्थित होती है। यहाँ कमल न केवल बंगाल का सबसे आम फूल है, बल्कि यह बिनोदिनी के शाश्वत मासूमियत का भी संकेत देता है। साथ ही यहाँ कीचड़ से खिलने की कमल की सहज प्रकृति के सकारात्मक पक्ष को बिनोदिनी के संघर्षपूर्ण जीवन व उसकी सजीवता के साथ जोड़कर प्रतीकात्मक ढंग से दर्शाया गया है। इसी तरह नाटक के एक प्रसंग में अपनी आत्मकथा लिखनेवाली बिनोदिनी अपने नाट्य गुरु व उपदेशक श्री गिरीश घोष के भूत से संवाद करती है। यहॉं गिरीश घोष को व्हील चेयर में बैठकर चलनेवाले विकलांग व्यक्ति के रूप में प्रस्तुत किया गया है। व्हील चेयर तो असल में गिरीश घोष के लिए एक रूपक है, जिनका थिएटर बिनोदिनी के जाने के बाद लगभग अपंग हो गया था। मल्लिका तनेजा द्वारा निर्देशित एवं अभिनीत स्त्रीपक्षीय नाट्य प्रदर्शन है 'थोड़ा ध्यान से'। व्यंग्य शैली में प्रस्तुत यह नाट्य प्रदर्शन उन लोगों पर सवाल उठाता है जो महिलाओं के वस्त्रधारण को उनके साथ होनेवाले बलात्कार व शारीरिक हिंसा से जोड़कर देखते है। इस प्रदर्शन में विभिन्न किस्म के ऐसे वस्त्रों को रंग सामग्रियों के रूप में उपयुक्त किया गया है जो भारतीय महिलाएँ अपने दैनन्दिन जीवन में पहनती हैं। जो वस्त्र पितृसत्तात्मक समाज के लिए महिला उत्पीड़न का उपकरण है वही वस्त्र यहाँ नाटक में मल्लिका तनेजा के लिए पितृसत्ता के विरुद्ध प्रतिरोध खड़ा करने की सशक्त सामग्री बन जाती है।

माया कृष्ण राऊ द्वारा निर्देशित 'खोल दो' तथा सुषमा देशपांडे द्वारा निर्देशित 'व्हय मि सावित्री बाई' निम्मी राफेल द्वारा अभिनीत 'निद्रावत्वम' इन तीनों नाट्य प्रस्तुतियों में बहुत कम प्रोपर्टीस और सेट का इस्तेमाल करते हुए पूरे प्रदर्शन का रूपायन किया गया है। बिना किसी रंग-सामग्री के सहारे ही माया राऊ ने अपनी प्रस्तुति 'खोल दो' का रूपायन किया है जिसमें उनके लिए नाट्याभिव्यक्ति का माध्यम मात्र अपना शरीर है। सुषमा देशपांडे ने भी अपनी नाट्य प्रस्तुति में सेट और प्रोपर्टीस को कम महव ही दिया है। एकालाप शैली का संवाद और शारीरिक चेष्टाएँ ही उनके लिए सम्प्रेषण का माध्यम है। देह और आंगिक चेष्टाओं के माध्यम से रूपायित नाट्य संरचना ही 'निद्रावत्वम' की विशेषता है जिसमें कोई रंगसमग्री का उपयोग नहीं किया गया है। केरल की रंगकर्मी सुरभी की नाट्य प्रस्तुतियों में भी स्टेज सेट, प्रोपर्टीस, कोस्ट्यूम आदि

का प्रयोग बहुत कम मात्रा में ही पाया जा सकता है। वे ग्रोतोवस्की की पुवर थिएटरवाली संकल्पना से प्रभावित हैं। प्रदर्शक की देह को उसकी गतियों को तथा देहागत अभिव्यक्ति को वे महत्वपूर्ण मानती हैं।

प्रकाश, संगीत एवं ध्वनि-व्यवस्था रंगमंचीय प्रस्तुति का अनिवार्य अंग है। नाट्य-प्रस्तुति को एक कलात्मक अभिव्यक्ति के रूप में प्रयुक्त करने में प्रकाश एवं ध्वनि-व्यवस्था का योगदान महत्वपूर्ण है। प्रमुख रंग-आलोचक रीतारानी पालीवाल ने नाट्य प्रस्तुति में प्रकाश योजना की के महत्व को सूचित करते हुए कहा है—"अभिनय-कला तथा उसके मध्यम गति को पूर्णतः व्यंजित करने के लिए पर्याप्त तथा समुचित प्रकाश की आवश्यकता होती है। प्रकाश-व्यवस्था के माध्यम से दृश्यात्मक रूप में चाक्षुष संरचना तथा देश काल एवं घटना-स्थल को व्यंजित करने में सहायता ली जाती है। प्रकाश-व्यवस्था का प्रयोजन दृश्य्बोध का सर्जन है। उसके द्वारा घटना-स्थल, संरचना एवं मनोभाव (मूड) की सृष्टि के साथ ही नाटकीय शैली-तत्त्व का व्यक्तीकरण किया जाता है।"[13] ध्वनि एवं संगीत योजना को भी रंगमंच पर महत्वपूर्ण स्थान दिया गया है। रंगमंच पर वातावरण को यथार्थता प्रदान करने के लिए ध्वनि एवं संगीत का प्रयोग अत्यन्त आवश्यक है। तकनीकी उपलब्धियों के विकास के साथ ही आज की नाट्य-प्रस्तुतियों में ध्वनि-प्रभावों का विशेष महत्त्व बढ़ा है। कुछ महिला रंगकर्मियों की नाट्य प्रस्तुतियों में प्रकाश एवं ध्वनि व्यवस्था के क्षेत्र में कुछ विशेष प्रयोग किया हुआ दिखाई देता है। उदाहरण के लिए उषा गांगुली निर्देशित हम मुख़्तारा नाटक की प्रस्तुति में बलात्कार की घटना को दिखाते समय लाल रंग के प्रकाश का इस्तेमाल किया गया है। लाल रंग स्त्रियों के मासिक रक्त से सम्बन्धित है। मासिक रक्त स्त्रैणता या स्त्रीत्व की जैविकता का सूचक है। बलात्कार का मतलब स्त्री के अपने स्त्रीत्व के ऊपर किया जानेवाला अत्याचार। इसलिए बलात्कार की अभिव्यक्ति के उपयुक्त रंग लाल का प्रयोग दर्शकों के लिए एक अनन्य दृश्यानुभूति प्रदान करने में सफल रहा है। के.श्रीलता द्वारा निर्देशित एवं अभिनीत 'इको ऑफ़ द डे' नामक मलयालम नाट्य-प्रस्तुति में प्रकृति और स्त्री के बीच के अटूट सम्बन्ध को अभिव्यक्त किया गया है। इसलिए इस नाट्य-प्रस्तुति में कृत्रिम प्रकाश से भी ज्यादा महत्ता प्राकृतिक प्रकाश को दिया गया है। जलती मशाल, दीपक आदि स्त्रोतों के सहारे प्रस्तुतीकरण को रूपायित किया गया है जो स्त्री और प्रकृति के सम्बन्ध की नैसर्गिकता को घोषित करने में काफी समर्थ दिखाई देते हैं। सी.वी.सुधी द्वारा निर्देशित 'आनुन्गल इल्लाता पेंनुन्गल' सुरभी द्वारा

निर्देशित 'घोरराक्षसं' में तथा के.श्रीलता के द्वारा निर्देशित 'इको ऑफ़ द डे' आदि नाट्य-प्रस्तुतियों में प्रकृति और स्त्री से जुड़े प्रसंगों में हरे रंग का प्रकाश फैलाया गया है। हरा रंग उर्वरता का प्रतिनिधि है। उर्वरता स्त्री की अपनी नैसर्गिक विशेषता है। अत: हरा रंग स्त्री की उर्वरता, प्रकृति के साथ उसके गहरे सम्बन्ध आदि को अभिव्यक्त करने में बिलकुल सक्षम है। प्रकाश योजना के समान कुछ नाट्य-प्रदर्शनों में ऐसे संगीत एवं ध्वनि-विन्यास पाए जाते है जो स्त्रीत्वपरक विशेषताओं के अनुकूल है। नीलम मानसिंह चौधरी, वी पद्मा मंगई तथा के.वी. श्रीजा के नाट्य-प्रदर्शनों में कुछ ऐसे लोक गीतों का प्रयोग किया गया है, जो गाँवों में पारम्परिक रूप से स्त्रियों द्वारा गाए जाते हैं। ऐसे लोक गीत स्त्रियों के अपने स्वाभाविक एवं स्वत्त्वपरक अनुभवों की अनन्य माहौल मंच पर रूपायित करने के लिए बिलकुल संगत दिखाई देते हैं। इसी प्रकार के.वी.श्रीजा के द्वारा निर्देशित 'कलंकारियुडे कथा' नाट्य-प्रस्तुति में संवादों के रूप में कहीं-कहीं छोटे-छोटे गीतों का इस्तेमाल किया गया है। माया राऊ द्वारा निर्देशित 'खोल दो' नाट्य-प्रस्तुति में पूरा प्रदर्शन पार्श्व-संगीत के साथ समन्वित करके रूपायित किया गया है। वीणापाणी चौला निर्देशित नाट्य प्रस्तुतियों में पारम्परिक वाद्यों की ध्वनियों को नाट्याभिव्यक्ति का माध्यम बनाया गया है। नीलम मानसिंह ने अपने प्रदर्शन 'द लाइसेंस' में लाइव म्यूजिक का प्रयोग किया है। मंच के एक विशेष जगह पर बैठकर कलाकार लोक वाद्यों के साथ लोक गीतों का आलापन नाटक के बीच बीच में करते है। नगीन तनवीर द्वारा निर्देशित 'राजरक्त' नाटक में भी बंगाल के भक्तिमय लोक गीतों का आलापन लाइव ढंग से किया गया है। इसी प्रकार रसिका अगाशे द्वारा निर्देशित 'म्यूज़ियम ऑफ़ स्पीशिस इन डेंजर' नाट्य-प्रस्तुति में भी लाइव म्यूजिक की व्यवस्था की गई है, जिसमें काफी लोकप्रिय फ़िल्मी गानों को शामिल किया गया है। इस नाटक में स्त्रियों की समस्याओं को व्यंग्य रूप में अभिव्यक्त किया गया है। अत: बीच-बीच में, लोकप्रिय फ़िल्मी गीतों का प्रयोग बिलकुल संगत दिखाई देता है। केरल की प्रमुख रंगकर्मी आशा देवी द्वारा निर्देशित एकल नाट्य-प्रस्तुति है 'ब्रोकन इमेज्स' जो गिरीश कर्नाट की रचना पर आधारित है। इसमें पात्र के साक्षीमन के रूप में एक और अदृश्य पात्र मौजूद है। इस अदृश्य पात्र को प्रस्तुत करने के लिए अभिनेत्री की ही आवाज़ को रिकॉर्ड करके प्रयुक्त किया गया है।

प्रदर्शनकारी स्त्री देह का नवीन स्वरूप

मंच पर प्रदर्शित सुन्दर एवं लावण्य युक्त स्त्री-देहों का आस्वादन हमारी संस्कृति द्वारा निर्मित दर्शकीय व्यवहारों में प्रमुख है। स्त्रीत्व के तथाकथित मानदंडों का अनुसरण करनेवाले अंग-उपांग एवं मीठी आवाज़ से युक्त हसीन स्त्री-देह को नाट्यास्वादन के लिए योग्य आदर्श रूप माना गया है। अभिनेत्रियों के सन्दर्भ में नाटक के पात्रों के चरित्र या स्वभाव के अनुसार अभिनय प्रस्तुत करने से भी अधिक प्रधानता अभिनेत्री की देह भाषा को होती है जो स्त्रीत्व की नियमित सौन्दर्य संकल्पनाओं का अनुसरण करनेवाली हो। दर्शक भी इसी की मांग करते हैं। सौन्दर्य के प्रचलित मानदंडों का पालन न करनेवाले पुरुष देहों को एक हद तक दर्शक वर्ग स्वीकार करते हैं, परन्तु उस प्रकार की स्त्री देह को मानने के लिए वे कदापि तैयार नहीं होते। यही हमारी दर्शन आदत है। देह एक ऐसा फलक है, जिस पर संस्कृति तथा सत्तात्मक सम्बन्धों का चिह्नन होता रहता है। इस कारण से ही देह में लिंग-समुदाय-वर्ग-वर्ण के भेदों का प्रतिफलन पाया जाता है। इसलिए सत्ता को तोड़ने तथा संस्कृति को बदलने के लिए देह में चिह्नित मुद्रणों को बदलना पड़ता है। रंगमंच पर देह का स्थान अत्यन्त महत्वपूर्ण माना गया है। स्त्री देह जो लिंगपरक वर्चस्व का संकेत होती है, वह तो हमेशा पुरुष-वर्चस्वी दृष्टि में डूब जाती है तथा नाट्य-सम्प्रेषण और भावाभिव्यक्ति में अवरोध खड़ा करती है। इसी कारण से ही स्त्रीपक्षीय रंगमंच में कार्यरत रंगकर्मी एक नवीन देह-भाषा की खोज में लगी हुई हैं। समकालीन महिला रंगकर्मियों द्वारा किए गए देह-भाषा के पुनर्निर्माण के प्रयोग-कार्यों ने प्रचलित स्त्रीत्व की संकल्पनाओं व रूढ़ प्रारूपों को बदलने की कोशिश की है। साथ ही तथाकथित रंगमंच पर निहित लिंग वर्चस्व के चिह्नों को तोड़कर एक प्रतिदृश्य-संस्कृति एवं नवीन सौन्दर्यबोध को आत्मसात करने का कार्य भी जारी है। समकालीन स्त्रीपक्षीय रंगमंच के सन्दर्भ में देखा जाए तो रंगकर्मियों ने प्रमुखत: दो रूपों में देह को मंच पर उपस्थित किया है। पहला प्रदर्शनकारी स्त्री देह सम्बन्धी रूढ़ प्रारूपों को तोड़कर स्त्री देह को अपनी सृजनात्मक क्षमता के आधार पर समग्र रूप से विन्यसित करना है तो दूसरा पितृसत्ता के प्रति प्रतिरोध खड़ा करने के सशक्त माध्यम के रूप में स्त्री देह की प्रयुक्ति है।

स्त्री देह सम्बन्धी पारम्परिक व नैतिक मान्यताओं पर घोर प्रहार करनेवाली नाट्य प्रस्तुति है मल्लिका तनेजा द्वारा निर्देशित एवं अभिनीत 'थोड़ा ध्यान से'। व्यंग्य शैली में रूपायित इस एकल नाट्य प्रस्तुति में मल्लिका जी ने यौन

अत्याचार की घटनाओं में पीड़ित स्त्रियों पर, उनके वस्त्र धारण व स्वभाव पर दोष का आरोप लगानेवाले समाज के बर्बर न्याय के खिलाफ अपने शरीर को हथियार के रूप में इस्तेमाल किया है। नाटक के आरम्भ में अभिनेत्री की नग्न देह मंच की मन्द रोशनी में दर्शकों के सम्मुख उपस्थित होती है। यहाँ अभिनेत्री ने एक ऐसे समाज के सामने अपने शरीर की गोपनीयता को उजागर किया है जो स्त्री देह की नग्नता को मात्र यौनिकता के रूप में देखने समझने की आदत रखनेवाले हैं। इस नाटक में प्रदर्शनकारी स्त्री देह की नग्नता पुरुष की यौनिक भावनाओं को उत्तेजित करनेवाली भोग वस्तु के रूप में नहीं बल्कि प्रतिरोध के सशक्त माध्यम के रूप में प्रयुक्त हुआ दिखाई देती है। यहाँ एक ओर मल्लिका जी ने अपने शरीर की नग्नता के माध्यम से समाज के पाखंड का उपहास करने की कोशिश की है तो दूसरी ओर सर्वमान्य रंगमंचीय सौन्दर्य बोध को खंडित करने का सृजनात्मक प्रयास भी किया है। त्रिपुरारी शर्मा द्वारा निर्देशित 'रूप अरूप' एक ऐसी नाट्य प्रस्तुति है जिसमें प्रदर्शनकारी स्त्री देह की पुरुष कल्पित तथाकथित छवि की तीखी आलोचना की गई है। इस नाटक में दो पात्र मंच पर उपस्थित होते हैं—एक पुरुष पात्र, जो नाट्य कलाओं में स्त्री पात्रों की भूमिका निभानेवाला है और दूसरा एक स्त्री पात्र, जो पारम्परिक नर्तकी है और नाटकों में स्त्री पात्रों की भूमिका निभाने के लिए उत्सुक है। यहाँ नाट्याभिव्यक्ति का मूल साधन इन दोनों पात्रों की दो विभिन्न देह भाषाएँ हैं। पुरुष पात्र के अंग विक्षेप एवं दैहिक विन्यास के मूल में स्त्रीत्व की परम्परागत पुरुष निर्मित सौन्दर्यशास्त्रीय संकल्पनाओं का प्रभाव विद्यमान है। और स्त्री पात्र की देह भाषा में स्त्री के नैसर्गिक भाव और स्त्रीत्व की स्वाभाविक चेतना का स्वरूप दिखाई देता है। अनुराधा कपूर द्वारा निर्देशित नाटक 'नवलखा' में भी रंगमंच पर स्त्री देह की गतियों से सम्बन्धित शास्त्रीय एवं पुरुष-केन्द्रित दृष्टि को चुनौती दी गई है। इस नाटक के एक दृश्य में, गर्भवती माँ और बेटी दोनों दर्शकों की ओर पैर फैलाए प्रसव का दृश्य अभिनीत करती हैं। दर्शकों की ओर पीठ करके अभिनीत करना, रंगपट्टी का इस्तेमाल करना इत्यादि प्रचलित रीतियों के बदले में यहाँ निर्देशक ने एक अलग विकल्प उपस्थित किया है। प्रदर्शनकारी स्त्री देह की प्रचलित मान्यताओं घोर पर प्रहार करने के कारण नाट्य-प्रस्तुति का यह दृश्य दर्शकों के बीच काफी विवादास्पद भी रहा। इन विवाद टिप्पणियों के सम्बन्ध में रंग आलोचक वन्दना वशिष्ठ ने अपना विचार प्रकट करते हुए कहा है कि—"इन सभी टिप्पणियों के पीछे नाट्यशास्त्र की शास्त्रीय व्याख्या काम कर रही थी और इसी शास्त्रीयता की

टकराहट इन महिला निर्देशकों के रंग-चिन्तन, उनके सौन्दर्यबोध और उनके विचार की राजनीति से हो रही थी।"[14] सी.वी.सुधी द्वारा निर्देशित मलयालम नाटक 'आनुङल इल्लात्ता पेन्नुङल' में भी प्रसव का दृश्य मौजूद है। नाटक में ज़रीन नामक पात्र एक लिली फूल को जन्म देनेवाला अयथार्थवादी दृश्य है। इसमें अभिनेत्री ने क्लासिकी नृत्यों से प्रभावित शैलीकृत अभिनय एवं अंग विन्यासों के द्वारा प्रसव की अभिव्यक्ति मंच पर प्रस्तुत की है। यहॉं स्त्रीत्व की विशेष अवस्था के रूप में प्रजनन की सौन्दर्यात्मक व आत्मीय स्तर को उजागर किया गया है। उषा गांगुली द्वारा निर्देशित-अभिनीत नाटक है 'अन्तर्यात्रा'। एकल शैली में रूपायित इस नाट्य-प्रस्तुति में अभिनेत्री अपनी देह के माध्यम से अनेकानेक स्त्रियों के जीवन तथा व्यक्तित्व को अभिव्यक्त करती है। इस नाटक में प्रयुक्त देह-भाषा भी एक स्त्री का दूसरी स्त्री के प्रति जो सहानुभूति की चेतना होती है उसका द्योतन करनेवाली है। यहाँ उषा जी अनेक पात्रों के स्थाई भावों में प्रस्तुत होती है तथा अनेक स्त्रियों के अन्त:संघर्षों को अभिवयक्त भी करती है। यहाँ अभिनेत्री की देह इतनी लचीली है कि वह क्षण-क्षण में कई पात्रों के स्थाई भावों में अपनी देह को ट्रांसफॉर्म करती है। फिसिकल थिएटर की सम्भावनाओं को प्रयोग में लानेवाली एकल नाट्य प्रस्तुतियाँ है माया राऊ द्वारा निर्देशित एवं अभिनीत 'खोल दो' तथा निम्मी राफेल द्वारा निर्देशित एवं अभिनीत 'निद्रावत्वम'। इन दोनों में पूरी नाट्य-प्रस्तुति की विषय-वस्तु को दर्शकों तक सम्प्रेषित करने के लिए वाचिक अभिनय को प्रयुक्त नहीं किया गया है। इन नाटकों में सेट एवं प्रोपर्टीस का इस्तेमाल भी नहीं के बराबर है। इनमें देह की गतियों को समग्र रूप से सम्प्रेषण का माध्यम बनाया गया है।

स्त्रीपक्षीय रंगमंच एवं दर्शकीय अनुभूति

कोई भी नाट्य-प्रदर्शन दर्शक-वर्ग के बिना सम्भव नहीं है। खाली रंग-मंडप में नाट्य का प्रदर्शन नहीं हो सकता है। नाट्य-सृष्टि के लिए दर्शक वर्ग का होना सर्वथा अनिवार्य है। वरिष्ठ रंग आलोचक देवेन्द्रराज अंकुर ने स्पष्ट किया है कि "किसी और कला और विधा में दर्शक की ज़रुरत भले ही न हो लेकिन रंगमंच की कल्पना उसकी जीवन्त उपस्थिति के बिना की ही नहीं जा सकती। देखा जाए तो दर्शकों की जीवन्त उपस्थिति फिल्म अथवा दूरदर्शन जैसे माध्यमों में भी होती है लेकिन उसका अभिनेता से प्रत्यक्षत: कोई सम्बन्ध नहीं है। यही

बात साहित्य के पाठक और चित्रकला के दर्शक के लिए भी कही जा सकती है, क्योंकि यहाँ भी रचनाकार और उसके भोक्ता के बीच कोई सीधा रिश्ता नहीं होता। लेकिन रंगमंच में अभिनेता और दर्शक की पारस्परिक सहभागिता वस्तुतः रंगमंच के जन्म और आदिकाल से चली आ रही है।"[15]

प्रयोक्ताओं द्वारा मंच पर प्रस्तुत प्रदर्शन जब दर्शकों के सामूहिक अवचेतन से मिलता है तभी जाकर नाट्य-प्रस्तुति की अर्थ-निर्मिति अथवा आस्वादन सम्भव होता है। दर्शकीय दृष्टि एवं दर्शन-आदतों के मूल में भी पितृसत्ता द्वारा निर्धारित सौन्दर्यशास्त्रीय तत्त्वों एवं स्त्री विरोधी नैतिक मूल्यों का प्रभाव अवश्य उपस्थित रहता है, जो महिलाओं की अपनी विशेष संवेदनशीलता एवं अनुभूति-स्तर से सदा भिन्न होता है। पुरुष-दृष्टि के प्रभाव से रूपायित रंगमंचीय प्रस्तुतियों की संरचना महिलाओं के विशेष अनुभूति-स्तर की नैसर्गिकता को अवरोध में डालती है। ऐसी एक स्थिति में स्त्रीपक्षीय रंगमंच से जुड़ी रंगकर्मियों ने अपनी नाट्य-प्रस्तुतियों के माध्यम से तथाकथित दर्शन-आदतों को प्रश्नीकृत करते हुए ऐसी प्रति-दर्शकीय-अनुभूति को प्रतिष्ठित करने का प्रयास किया है, जो स्त्रियों के विशेष अनुभूति-स्तर एवं उनके निजी अनुभवों की नैसर्गिकता को भी द्योतित करने में समर्थ होती है।

दर्शकीय अनुभूति के स्तर पर नए आयामों को ढूँढ़ने की प्रवृत्ति स्त्रीपक्षीय रंगकर्म की अपनी अद्वितीय विशेषता है। दर्शकों के अन्तर्मन में व्याप्त पितृसत्तात्मक मानसिकता की जड़ों को हिलानेवाली रंग प्रस्तुतियों में मल्लिका तनेजा द्वारा निर्देशित 'थोड़ा ध्यान से', अनुराधा कपूर द्वारा निर्देशित 'नव्लाखा', के.वी. श्रीजा द्वारा निर्देशित 'लेबर रूम' आदि के नाम विशेष उल्लेखनीय हैं। पितृसत्तात्मक मानसिकता पर प्रत्यक्ष रूप से प्रहार करनेवाली ये नाट्य-प्रस्तुतियाँ दर्शकों के बीच काफी बहस का विषय बन चुकी हैं। अनुराधा कपूर द्वारा निर्देशित 'नवलखा' के एक दृश्य में माँ और बेटी दोनों पात्र गर्भवती हैं। वे दर्शकों की ओर पैर फैलाए प्रसव का दृश्य अभिनीत करती है और अभिनय की यह विशेष शैली दर्शकों के एक ख़ास वर्ग के बीच काफी चर्चा का विषय बन गया। प्रसव का दृश्य दर्शकों की ओर पीठ करके भी तो दिखाया जा सकता था', 'रंगपट्टी का इस्तेमाल हो सकता था ?', 'कम-से-कम प्रोफाइल में ही होता' इस तरह के अनेक विचार-विमर्श दर्शकों की ओर से सामने आए। इसी प्रकार के.वी. श्रीजा द्वारा निर्देशित 'लेबर रूम' नाट्य प्रस्तुति को भी एक ख़ास वर्ग के दर्शकों

की ओर से स्वीकृति नहीं मिली। नाटक जब खेला गया तब कुछ दर्शक काफी क्रुद्ध होकर शोर मचाने लगे। इस नाटक में लेबर रूम में स्त्रियों के द्वारा झेले जानेवाली समस्याओं की खुली अभिव्यक्ति की गई है। मंच पर आकर खुले रूप में अपने अनुभवों को अभिव्यक्त करनेवाली स्त्रियों से कुछ दर्शक सहमत नहीं हुए। इस प्रकार की दर्शकीय प्रतिक्रियाओं के मूल में पितृसत्तात्मक नैतिक बोध एवं तथाकथित रंगमंचीय सौन्दर्यबोध का प्रभाव सुव्यक्त है और इसी दर्शन आदत की पूर्वनिर्धारित प्रकृति को प्रश्नीकृत करने का प्रयास स्त्रीपक्षीय रंगकर्म की अनन्यता है। ठीक इसी प्रकार मल्लिका तनेजा द्वारा निर्देशित नाट्य-प्रस्तुति 'थोड़ा ध्यान से' में अभिनेत्री ने अपने नग्न शरीर को पितृसत्तात्मक समाज के विरुद्ध विद्रोह करने का सृजनात्मक हथियार बनाया है जो दर्शकों की नैतिक धारणाओं एवं रूढ़िवादी मानसिकता को काफी बेचैन करनेवाला है। यह जोखिम भरी प्रस्तुति थी जब मल्लिका तनेजा ने दो साल तक बिकिनी वस्त्र पहनकर प्रदर्शन किया था। कई आयोजक अश्लीलता के आरोपों से डरते हुए पीछे हटे। प्रस्तुति के नए संस्करण में मल्लिका जी ने बिकिनी से भी मुक्त होकर जब अपने नग्न देह को मंच पर प्रतिरोध का माध्यम बनाया तब दर्शकों के मन में उपस्थित श्लीलता-अश्लीलता सम्बन्धी पितृसत्तात्मक नैतिक बोध प्रश्नीकृत होने लगा। इस नाट्य-प्रदर्शन की रूपात्मक संरचना इस प्रकार है कि प्रस्तुति के अन्त तक आते-आते दर्शक और प्रदर्शक के बीच की दूरी काफी कम होती जाती है। नाटक समाप्त हो जाने पर प्रदर्शक दर्शकों के बीच जाकर उनसे नाटक के सम्बन्ध में कई प्रश्न पूछते हैं तथा दर्शकों की प्रतिक्रया सुनती है। इस तरह दर्शक भी प्रदर्शन का अंग हो जाते हैं। इससे एक विशिष्ट प्रकार की दर्शकीय अनुभूति उत्पन्न हो जाती है तथा श्लीलता-अश्लीलता के द्वन्द्व को भूलकर दर्शक नाट्य-प्रदर्शन का आस्वादन कर लेते है। नाटक के माध्यम से उठाई गई राजनीति को गहराई से समझने में दर्शक समर्थ भी हो जाते हैं। इन तीनों रंगकर्मियों ने दर्शकों को प्रकोपित करते हुए प्रचलित दर्शन आदतों की रूढ़ प्रारूपित छवि को बदलने की सशक्त कोशिश की है और सफलता भी प्राप्त की है। रमनजीत कौर द्वारा निर्देशित 'बावरे मन के सपने' तथा सी.वी. सुधी द्वारा निर्देशित 'आनुङ्ल इल्लात्ता पेन्नुङ्ल' ये दोनों नाट्य-प्रस्तुतियाँ स्त्री के अनुभवों तथा उनकी अपनी संवेदनाओं की छिपी हुई दुनिया को प्रकाश में लानेवाली हैं। 'आनुन्गल इल्लात्ता पेंनुन्गल' पितृसत्तात्मक व्यवस्था तथा पारम्परिक परिवार संरचना

की जकड़ को तोड़कर विभिन्न परिस्थितियों से आनेवाली पाँच स्त्रियों के आपस में मिलन तथा अपने जीवन के कटु यथार्थ व अनुभव एवं भविष्य सम्बन्धी आकांक्षाओं और रंगीन सपनों का एक दुसरे से साझा करने का दृश्य प्रस्तुत करता है तो 'बावरे मन के सपने' मध्यवर्ग की महिलाओं के शान्त दीखते जीवन में चले रही उथल पुथल की टोह लेता है। ये दोनों नाट्य-प्रस्तुतियाँ स्त्री दर्शकों के लिए ऐसी विशिष्ट अनुभूति प्रदान करती है, जो आत्म साक्षात्कार की राह खोल देनेवाली है तथा पुरुष दर्शकों के लिए स्त्री स्वत्त्व के वास्तविक रूप को गहराई से पहचानने का अवसर भी प्रदान करती हैं।

रंगमंचीय प्रस्तुति से उपजनेवाली दर्शकीय अनुभूति सामान्यतः दृश्य एवं श्रव्य से उत्पन्न इन्द्रियानुभावों पर निर्भर होती है। नीलम मानसिंह चौधरी जैसी रंगकर्मी ने दर्शकीय अनुभूति के इस परम्परागत स्वभाव से भिन्न गन्ध तथा स्वाद से उत्पन्न इन्द्रियानुभवों को भी दर्शकों तक पहुँचाने का प्रयोग किया है। उनके द्वारा निर्देशित 'किचन कथा' में पूरे नाटक की कथावस्तु एक रसोई घर में घटित होती है। अतः प्रस्तुति का सेट एक रसोई घर के समान बनाया गया है। नाटक चलते समय मंच पर असली रूप में भोजन पकाया जाता है तथा बीच-बीच में दर्शकों को खिलाया भी जाता है। यहाँ भोजन का गन्ध, स्वाद आदि को कुछ विशेष भावनाओं एवं मनोविकारों को अभिव्यक्त करने के लिए प्रयुक्त किया गया है। स्त्री के अनुभव-स्तर में गन्ध और रुचि का महत्वपूर्ण स्थान होता है। उसको भी रंगमंच के हाइब्रिड फॉर्म में सम्मिलित करने का यह प्रयास अपने मन्थ अद्वितीय है।

सन्दर्भ

1. डॉ. सुप्रिया पाठक द्वारा उद्धृत, स्त्रियाँ एवं रंगमंच : पारसी रंगमंच से नुक्कड़ नाटकों तक का सफर, www.hindisamay.com
2. डॉ. सुप्रिया पाठक, रंगमंच एवं स्त्री, पृ. 87
3. वहीं, पृ. 93
4. वहीं, पृ. 88
5. आतिरा, शरीरं कोंट भाषा रचिक्कुम्बोल, भाषापोषिणी पत्रिका (मलयालम), मार्च 2009, पृ. 35
6. गिरीश रस्तोगी, रंगभाषा, पृ. 127

7. वन्दना वशिष्ठ, आधुनिक हिन्दी रंगमंच और नारी विमर्श, रंगप्रसंग, मई 2017, पृ. 242
8. Nandi Bhatia, Modern Indian Theatre, P. 49
9. Valirur Rahman, Gynocritical Ethnography of the Dalit Women : Usha Ganguli's Rudali, http://impressions.50webs.org/jul09/ar-valilurrahman.html
10. Dr. Ajay Sekhar, From Classic to Contemporary Theatre: Usha Ganguli's Chandalika, http://ajay sekhar.net/2012/02/16
11. कृपाशंकर चौबे, उषा गांगुली की अन्तर्यात्रा आधी दुनिया का जटिल यथार्थ, स्त्री: मुक्ति का सपना, सं. प्रो. कमला प्रसाद, पृ. 206
12. नेमीचन्द्र जैन, रंगदर्शन, पृ. 73
13. रीतारानी पालीवाल, रंगमंच नया परिदृश्य, पृ. 64
14. वन्दना वशिष्ठ, आधुनिक हिन्दी रंगमंच और नारी विमर्श, रंगप्रसंग, मई 2017, पृ. 242
15. देवेन्द्रराज अंकुर, रंगमंच का सौन्दर्यशास्त्र, पृ. 117

●●●